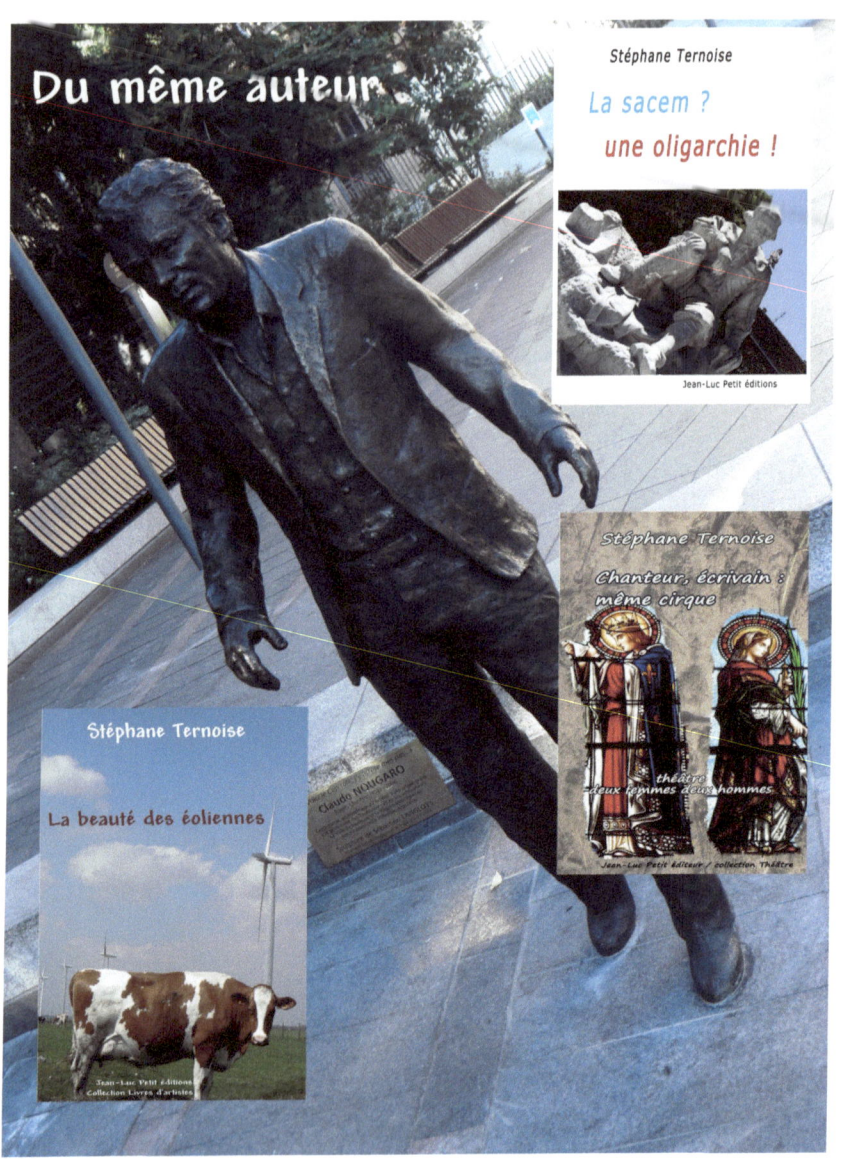

Golfech, c'est beau un village prospère à l'ombre d'une centrale nucléaire

*Visite au pays de
Jean-Michel Baylet et Sylvia Pinel*

Du même auteur*

Romans

Le Roman de la Révolution Numérique
La Faute à Souchon ?
Quand les familles sans toit sont entrées dans les maisons fermées
Liberté j'ignorais tant de Toi
Viré, viré, viré, même viré du Rmi !
Ils ne sont pas intervenus

Théâtre

Neuf femmes et la star
Les secrets de maître Pierre, notaire de campagne
Ça magouille aux assurances
Chanteur, écrivain : même cirque
Deux sœurs et un contrôle fiscal
Amour, sud et chansons
Pourquoi est-il venu ?
Aventures d'écrivains régionaux
Avant les élections présidentielles
Scènes de campagne, scènes du Quercy
Blaise Pascal serait webmaster
Trois femmes et un Amour
J'avais 25 ans
 « Révélations » sur « les apparitions d'Astaffort » Brel / Cabrel

Théâtre pour troupes d'enfants

La fille aux 200 doudous
Les filles en profitent
Révélations sur la disparition du père Noël
Mertilou prépare l'été

* extrait du catalogue, voir www.ternoise.net

Stéphane Ternoise

Golfech, c'est beau un village prospère à l'ombre d'une centrale nucléaire

*Visite au pays de
Jean-Michel Baylet et Sylvia Pinel*

Sortie numérique : 26 janvier 2013
Édition revue en juin 2015 lors de sa sortie en papier.

Jean-Luc Petit éditeur

Stéphane Ternoise versant lotois :

http://www.lotois.fr

Tout simplement et logiquement !

Tous droits de traduction, de reproduction, d'utilisation, d'interprétation et d'adaptation réservés pour tous pays, pour toutes planètes, pour tous univers.

Site officiel : http://www.ecrivain.pro

© Jean-Luc PETIT - BP 17 - 46800 Montcuq – France

Stéphane Ternoise

Golfech, c'est beau un village prospère à l'ombre d'une centrale nucléaire

J'étais passé avant l'an 2000, à Golfech. J'en garde le souvenir d'une rue principale triste, aux volets fermés, avec de nombreux panneaux "à vendre".
J'y suis retourné le 3 mai 2012 dans le but de présenter cette commune, sa centrale.
Quelle métamorphose ! De la verdure, de beaux trottoirs. Un complexe sportif, une piscine chauffée... Bientôt les arbres devraient même totalement masquer les deux tours !
Je n'ai pas cherché à fuir quand une voiture de la gendarmerie s'est arrêtée juste derrière moi, alors que je me désaltérais. J'avais été signalé...
Quelques jours plus tôt Greenpeace s'était introduit dans une autre centrale nucléaire et nous étions en période présidentielle...
Un reportage, pour l'Histoire, peut-être, pour faire réfléchir, ce serait déjà bien.
Parfois les photos en disent plus que de grands paragraphes ou de belles rimes... Néanmoins, quelques informations, indications, pour bien situer le contexte...

Stéphane Ternoise.
De plus en plus photographe, http://www.lotois.com
Toujours romancier, essayiste, dramaturge, auteur de chansons.

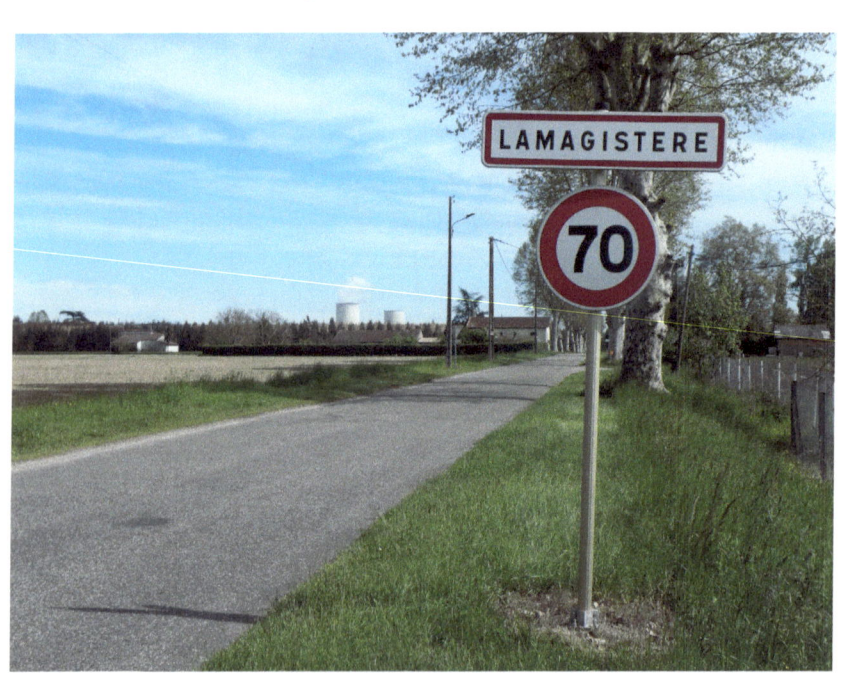

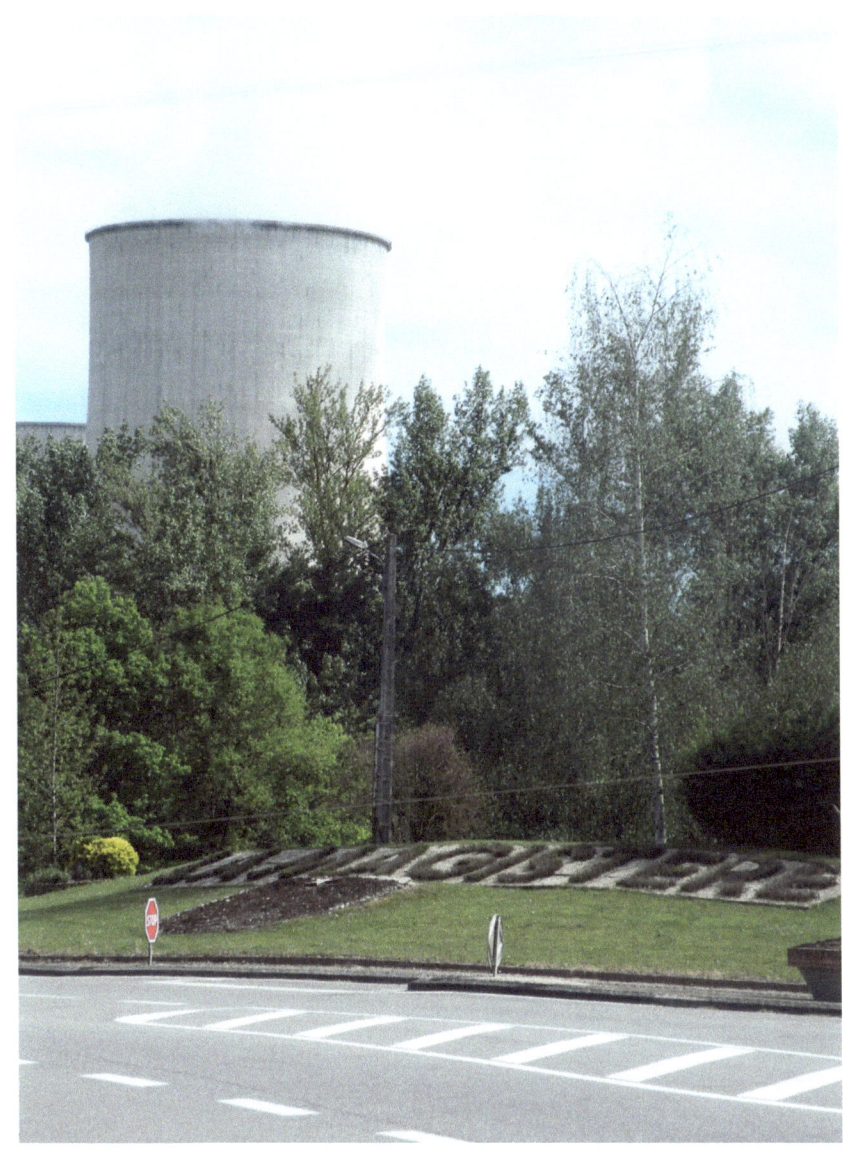

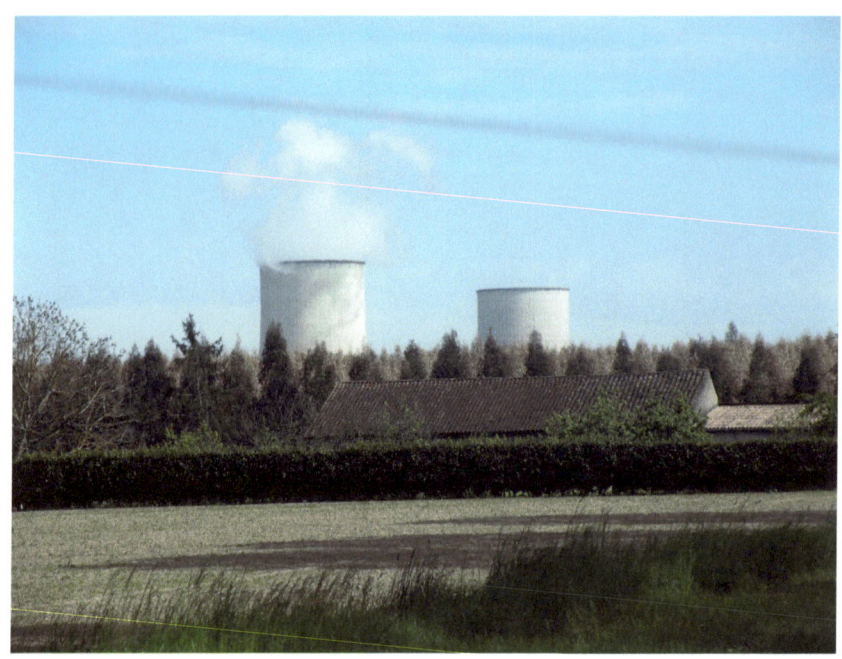

D'un point de vue touristique, l'entrée de Golfech peut être présentée comme un magnifique écrin de verdure.

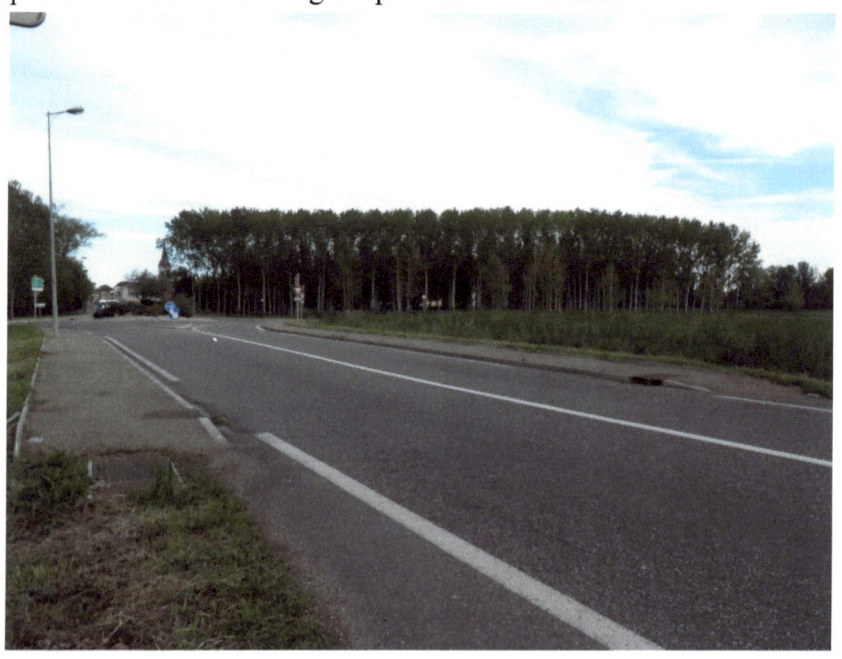

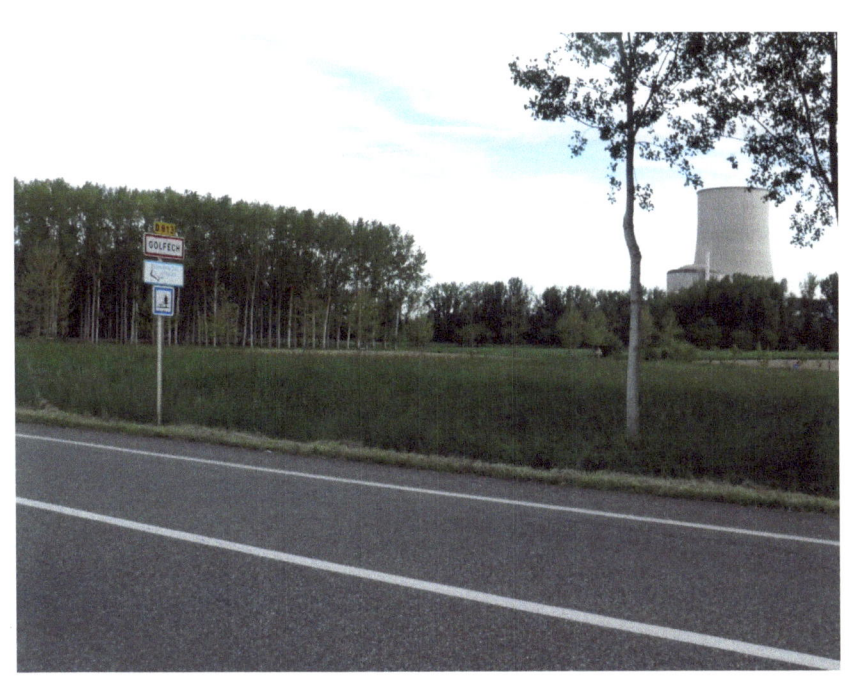

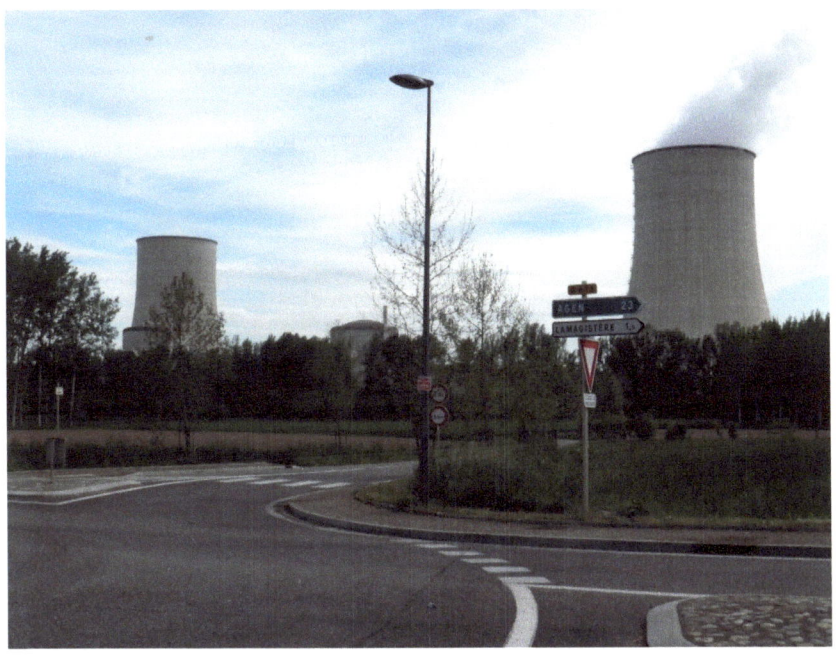

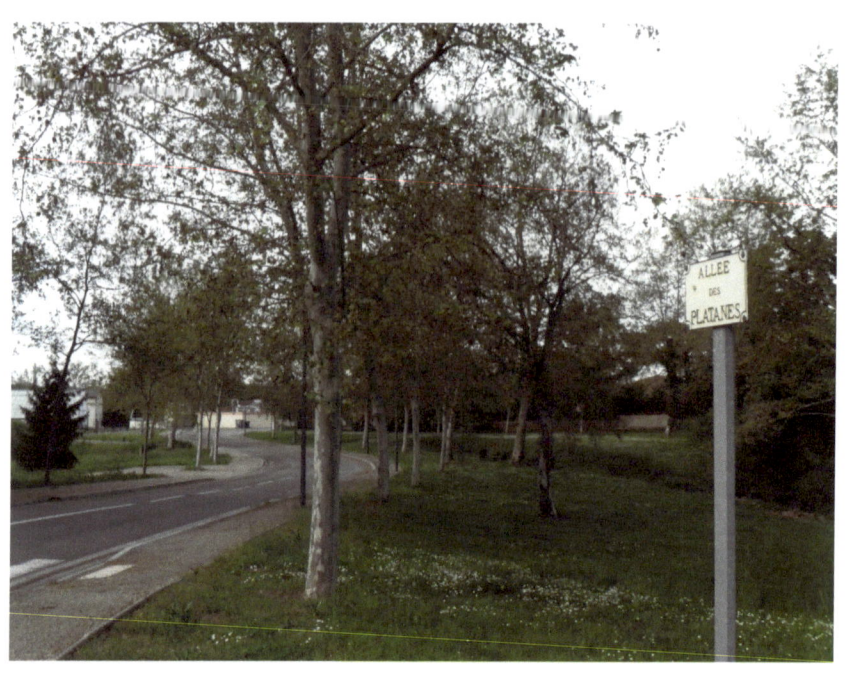

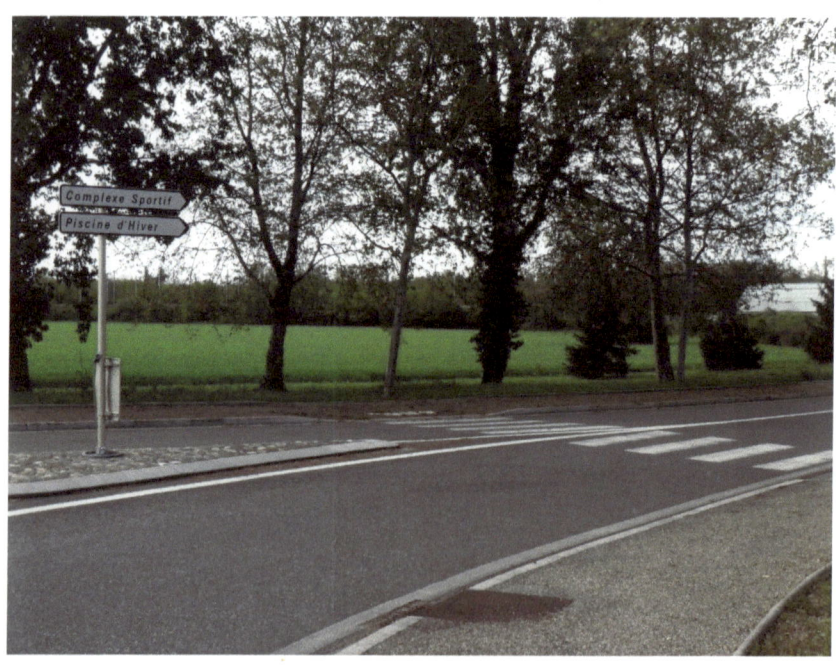

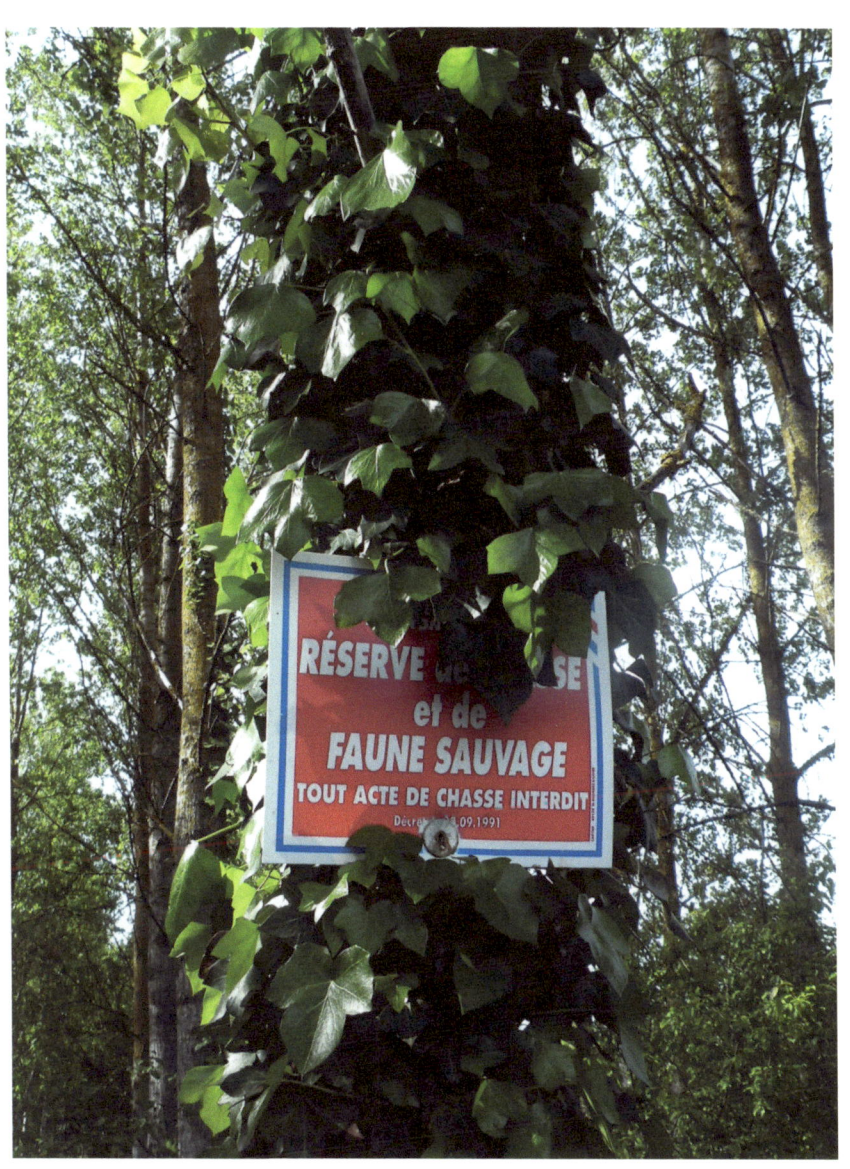

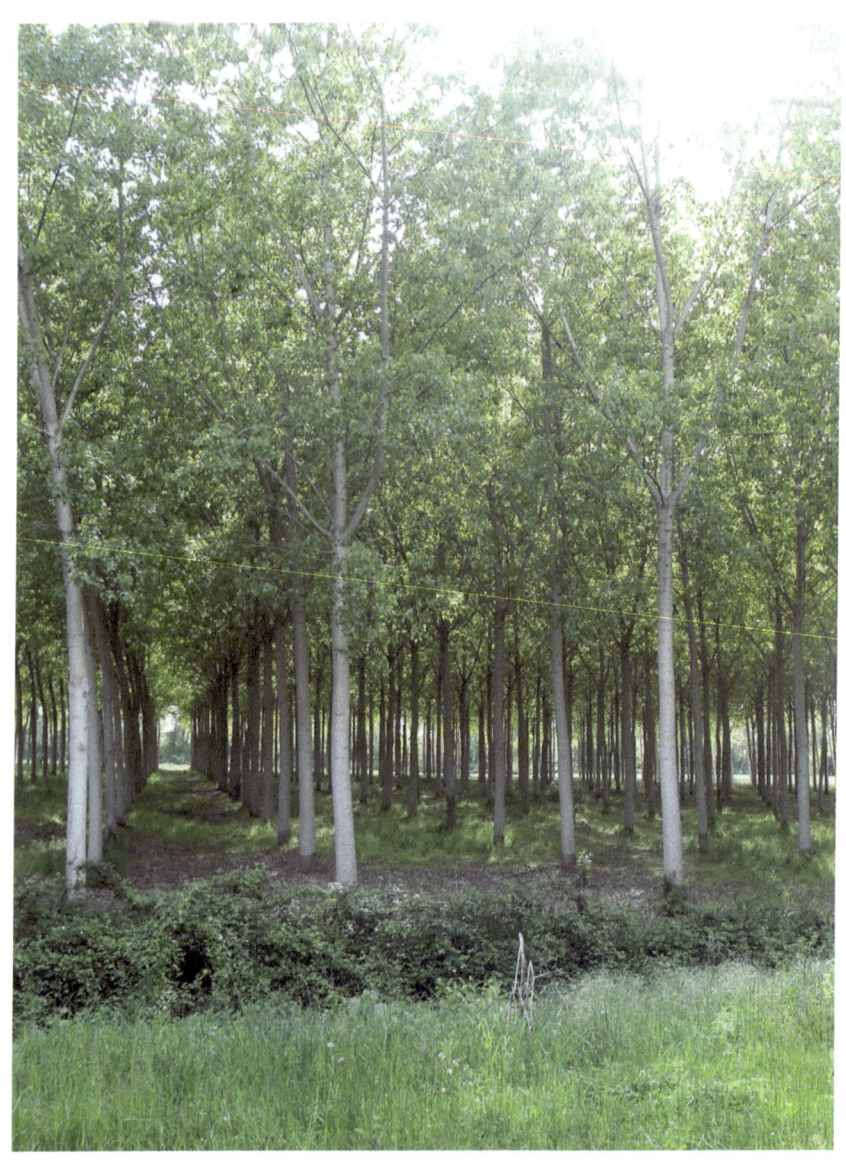

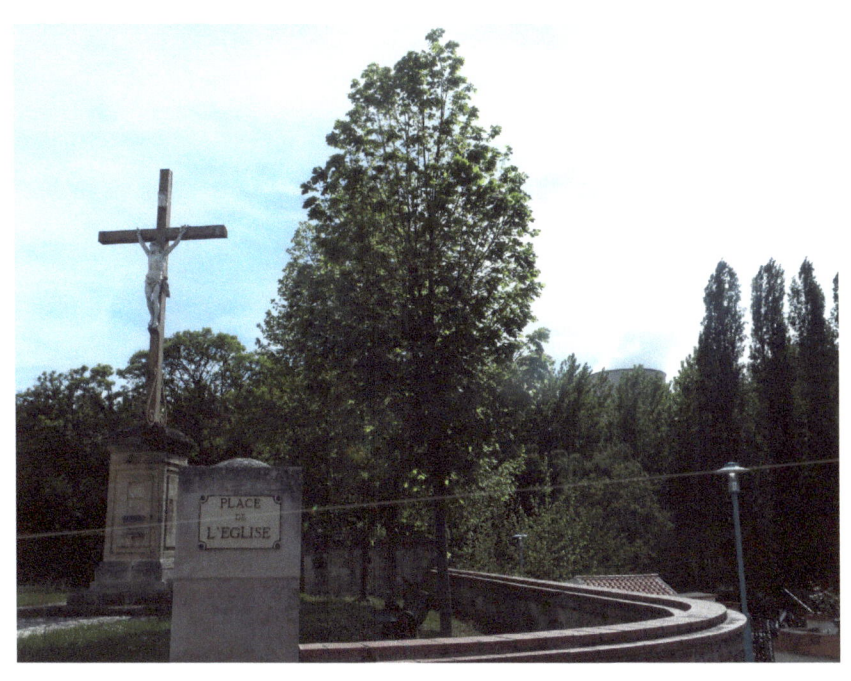

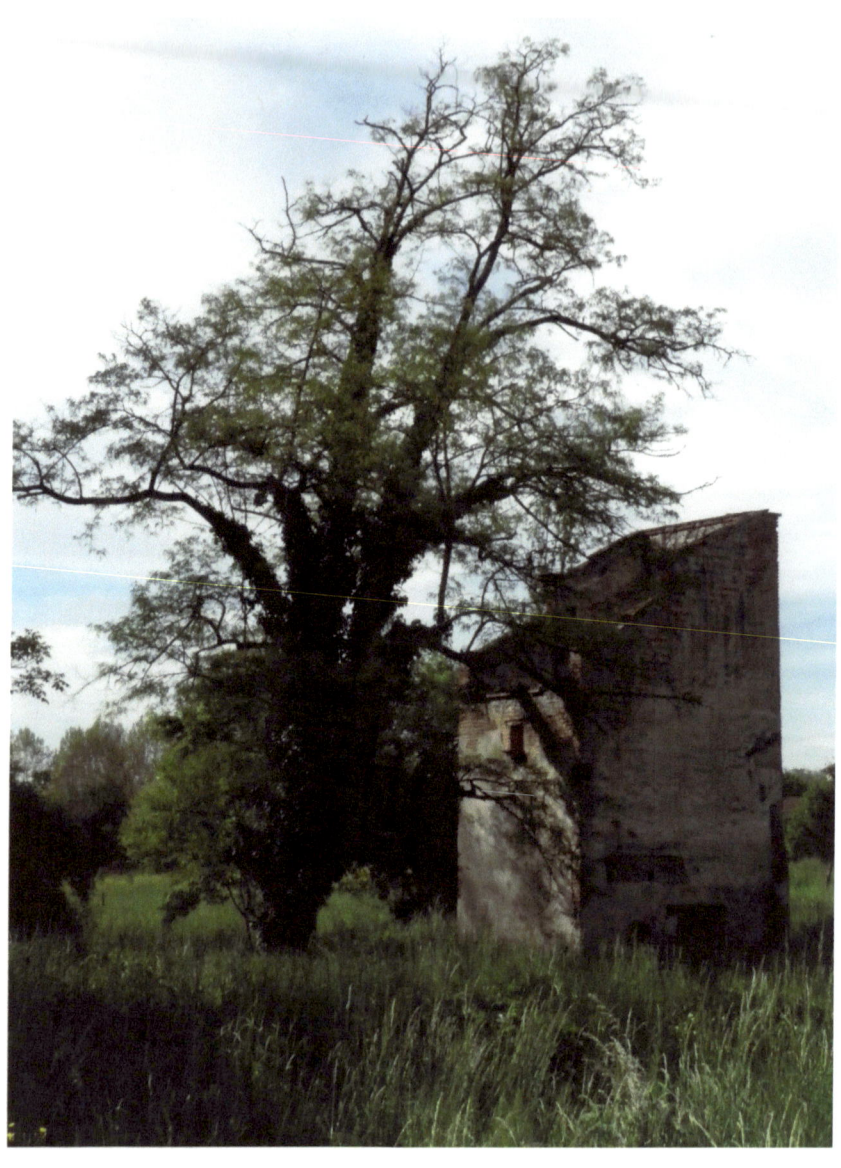

Ceci est un pigeonnier. Il existe bien un pigeonnier à l'entrée de Golfech. Il est probable qu'il soit un jour présenté comme une curiosité locale, touristique.

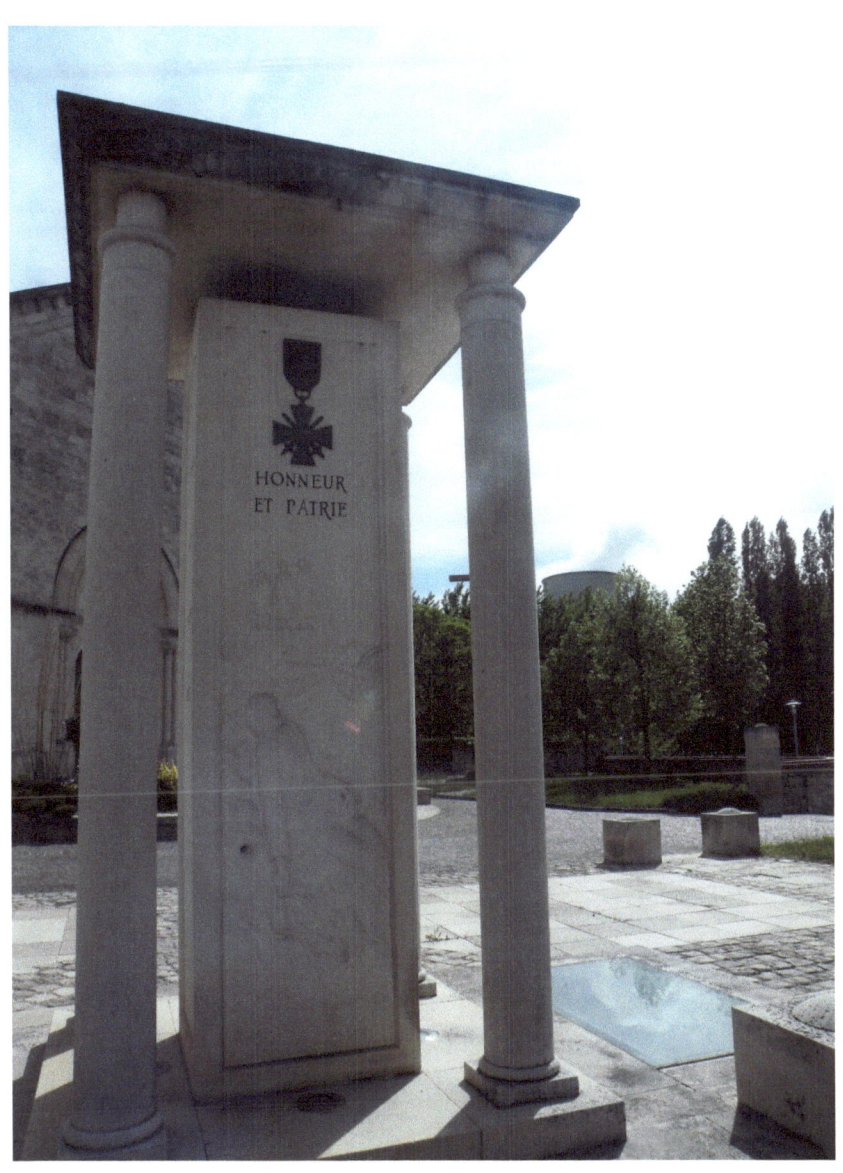

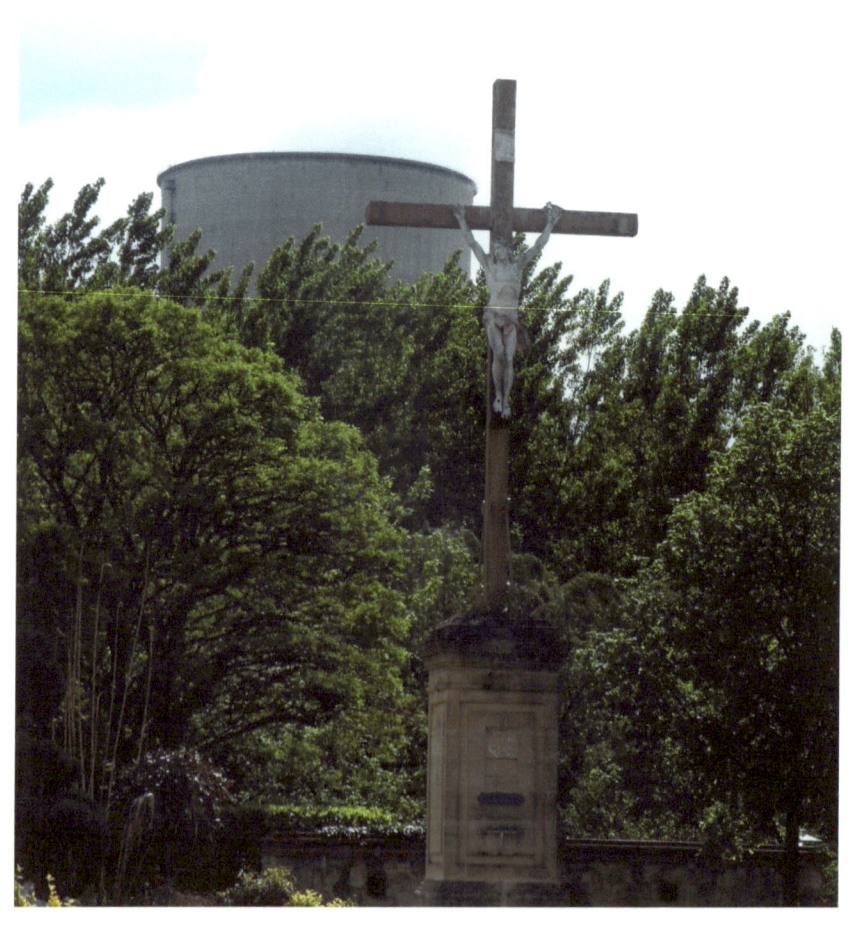

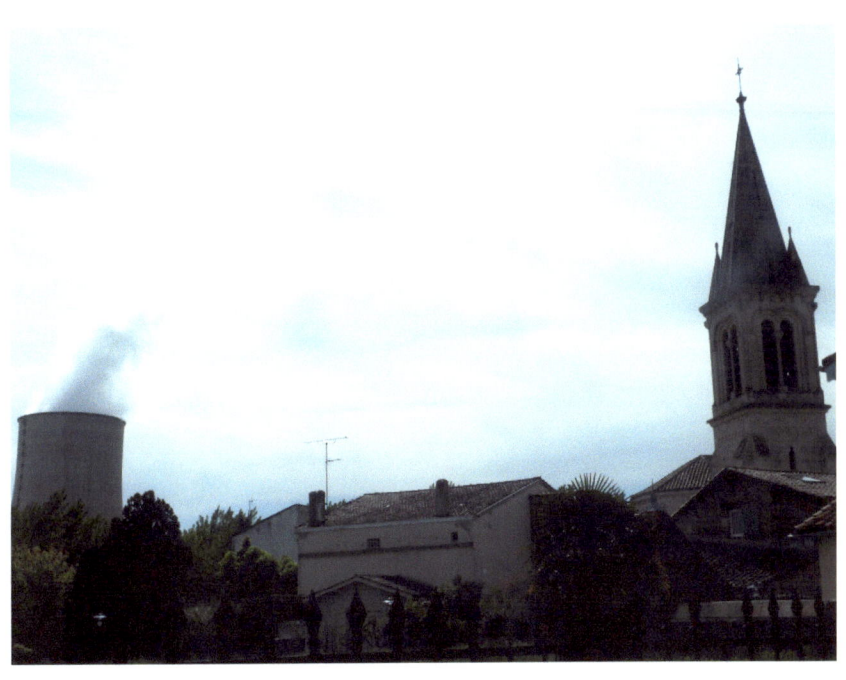

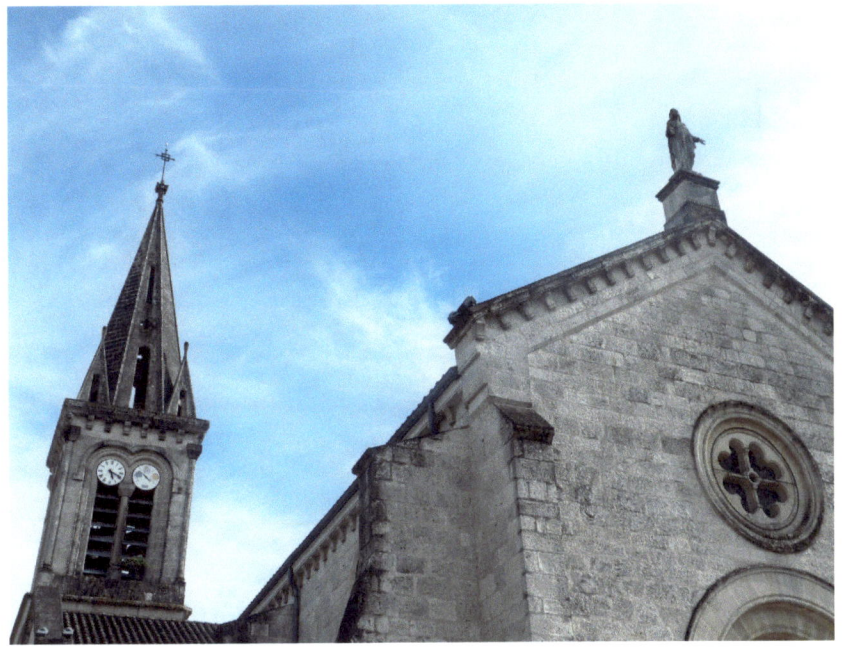

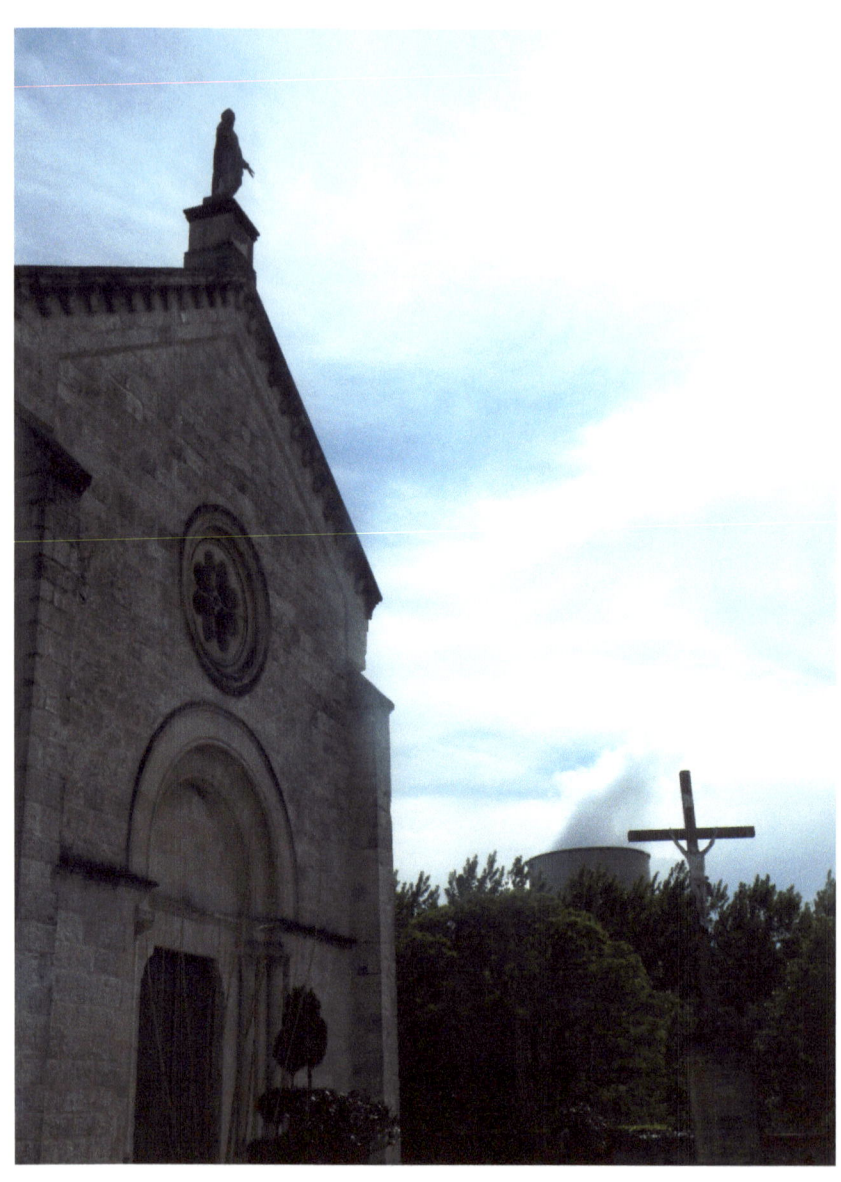

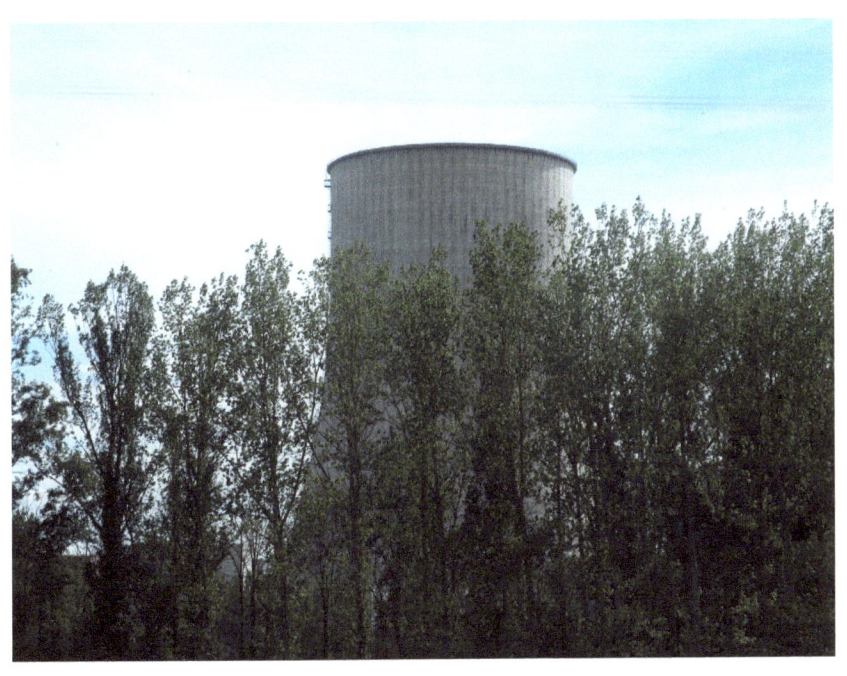

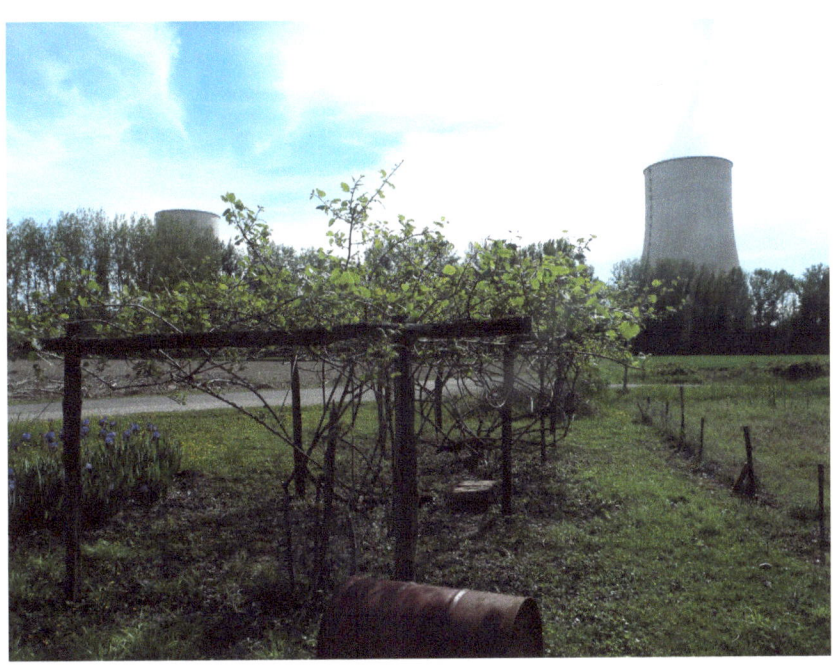

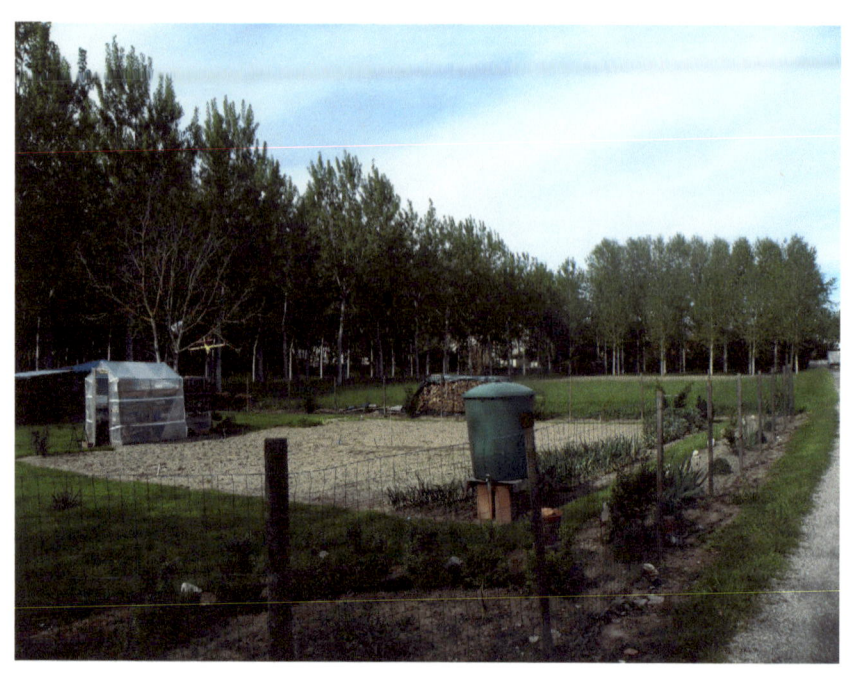

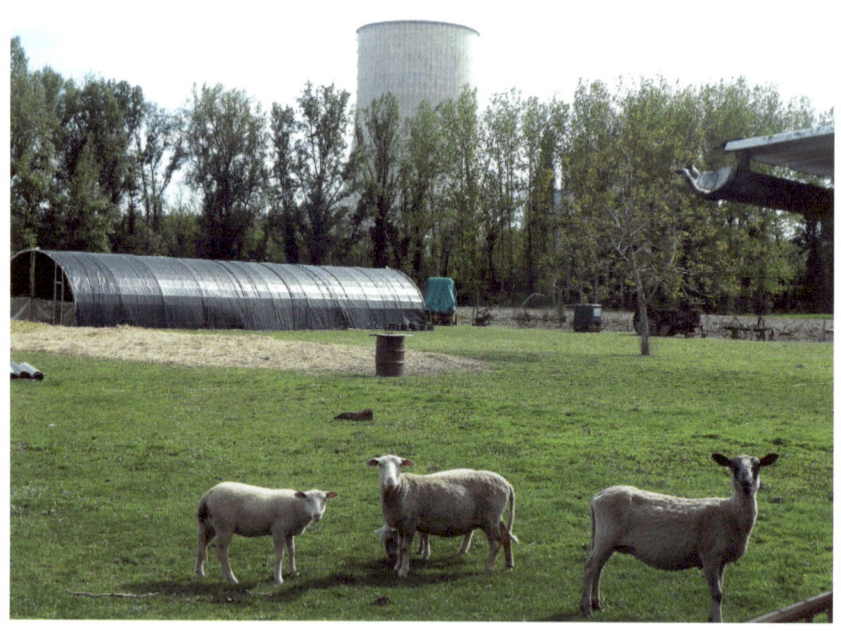

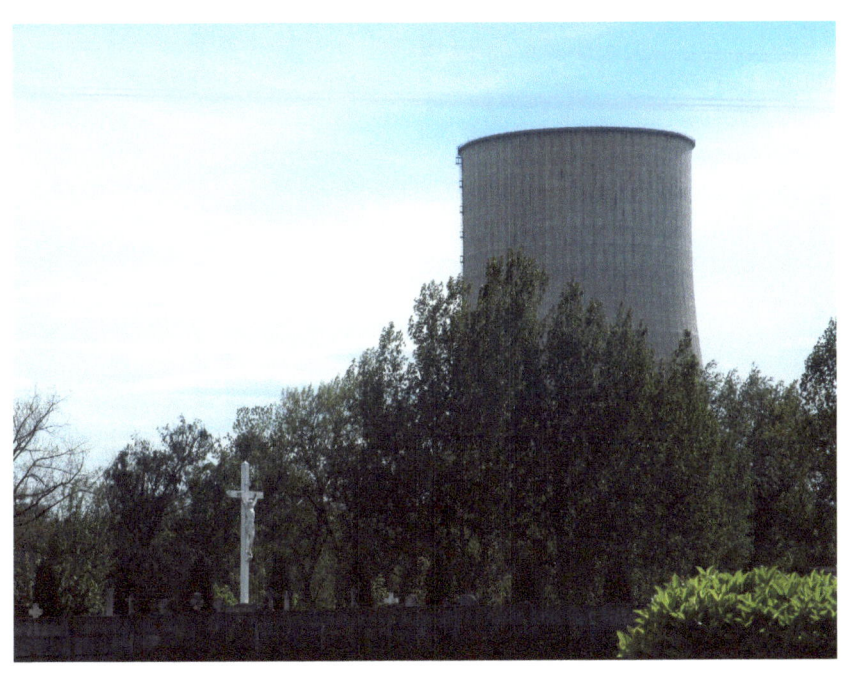

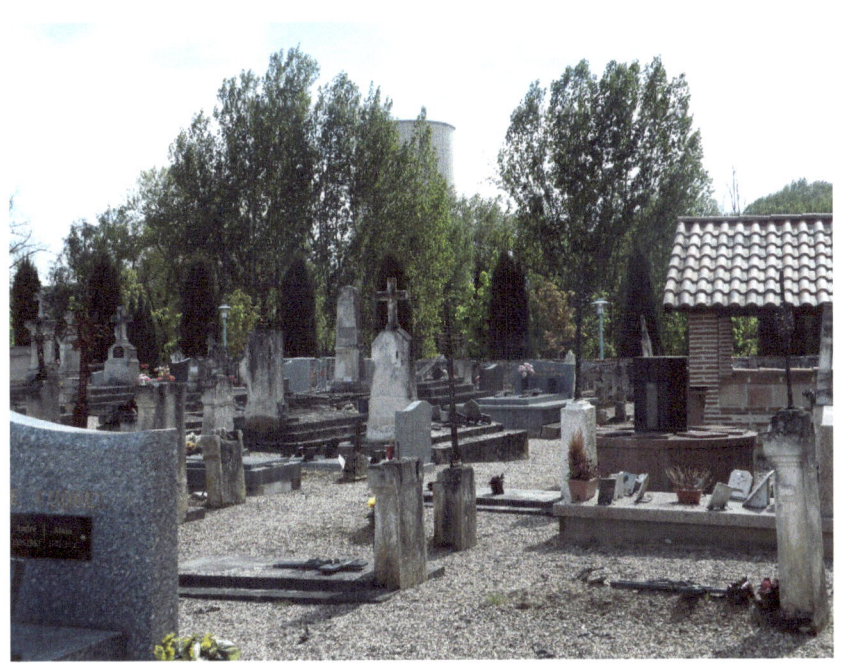

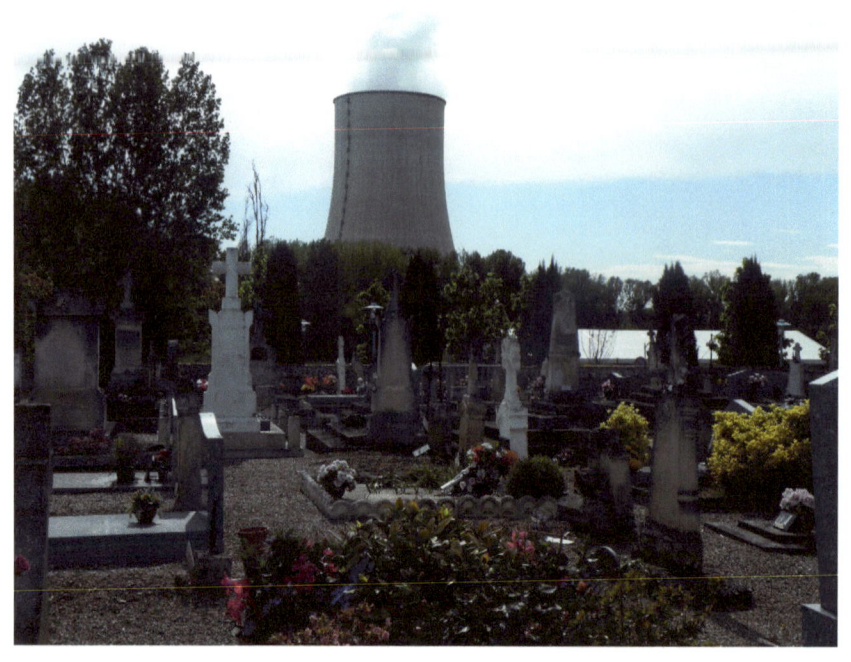

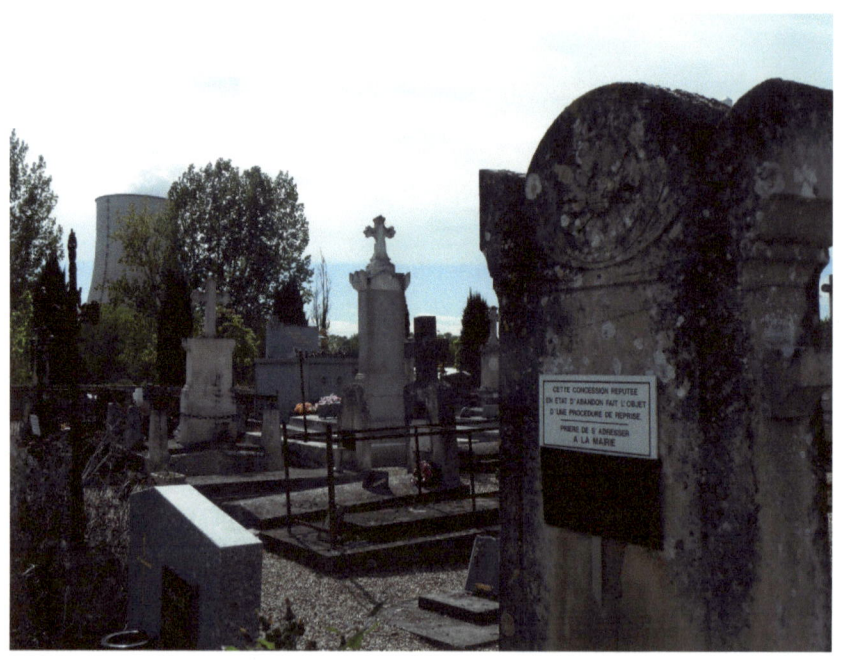

A l'ombre d'une centrale également, les vieux morts doivent laisser la place aux jeunes...
A lire : *La trahison des morts : les concessions à perpétuité discrètement récupérées (Cahors, à l'ombre des remparts médiévaux, les vieux morts doivent laisser la place aux jeunes...)*
http://www.morts.info

« Cette concession réputée en état d'abandon fait l'objet d'une procédure de reprise.
prière de s'adresser à la mairie. »

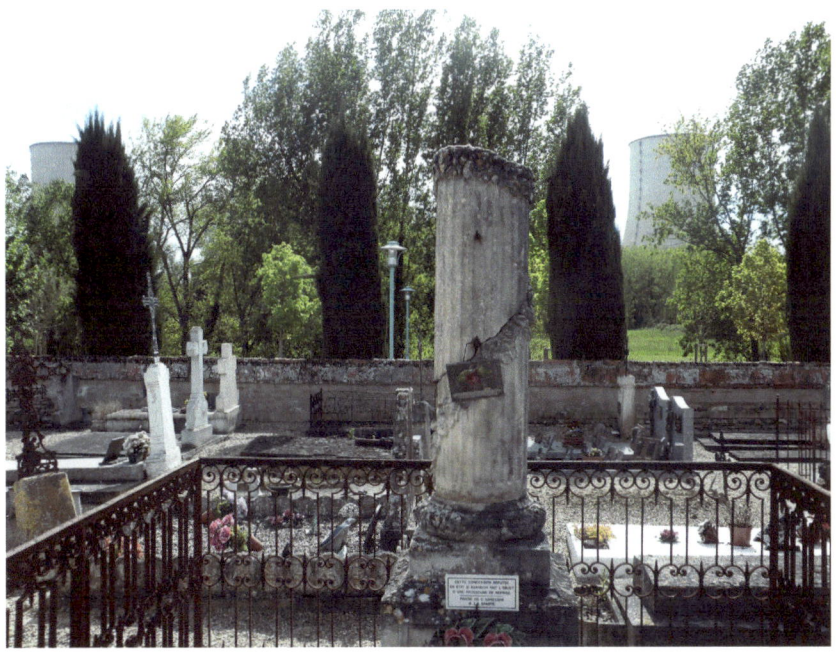

Cette belle tour était là avant ! Mais bientôt elle disparaîtra tandis que les grandes continueront à cracher...

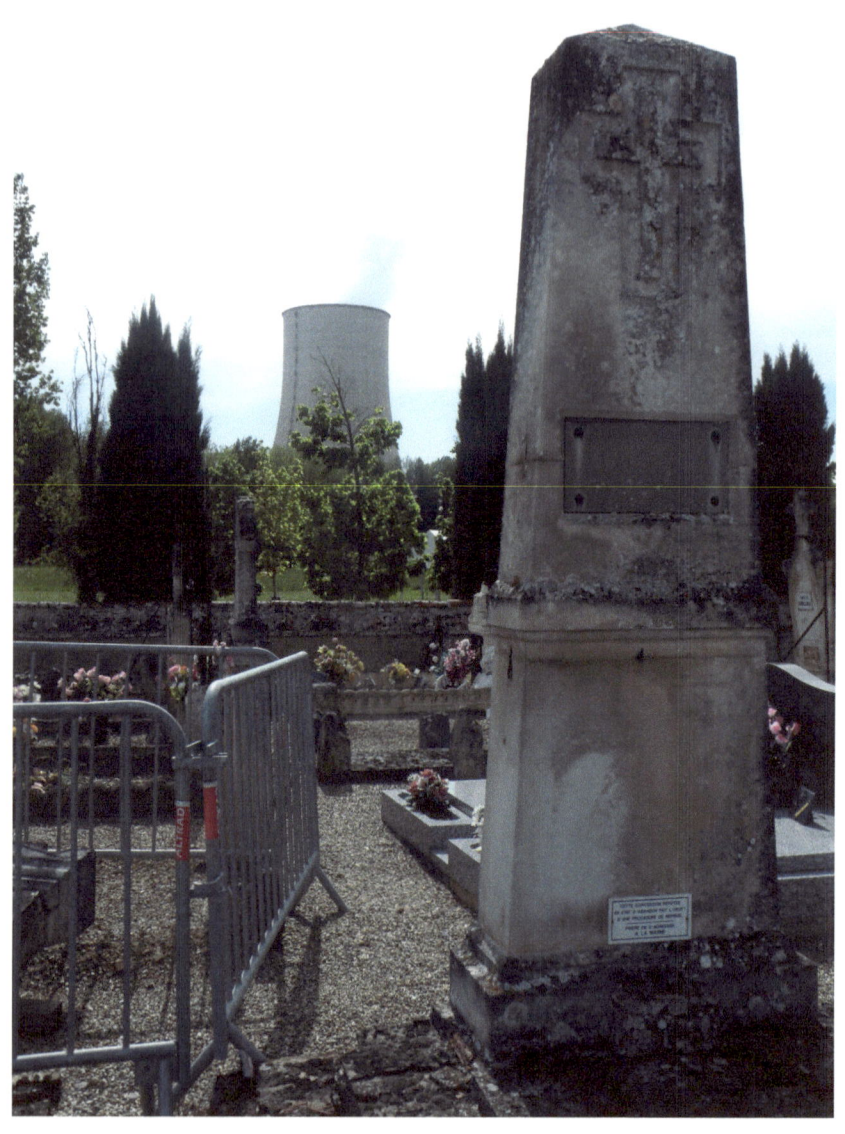

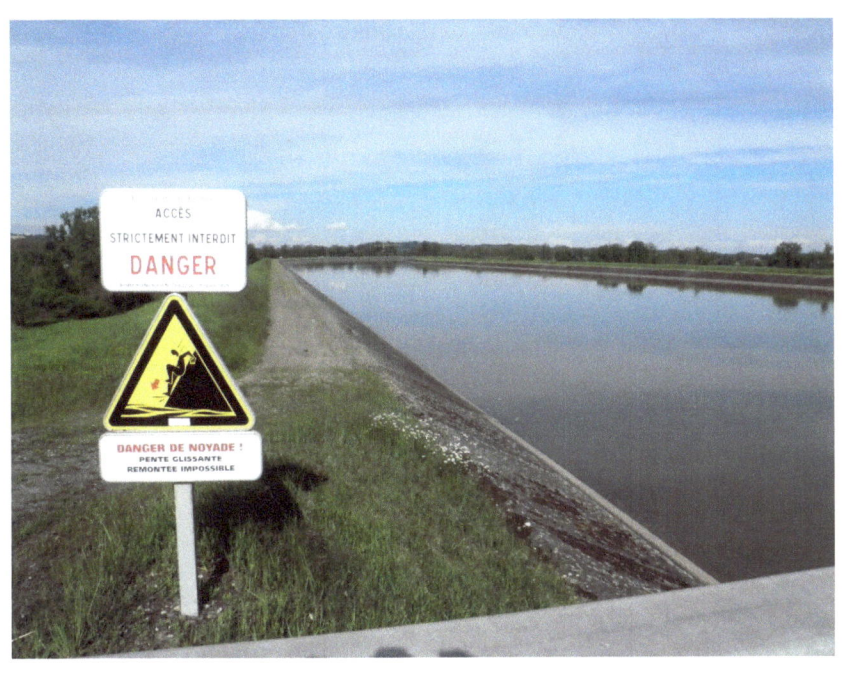

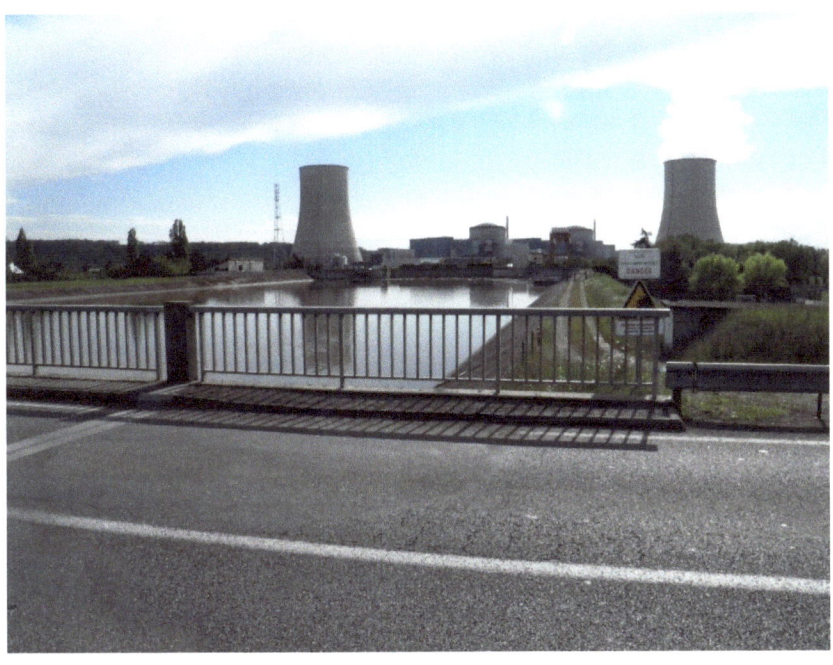

Quelques notes

Ce jour-là, l'une des tours de réfrigération de la centrale semblait à l'arrêt.

En bordure de la Garonne, est donc produite de l'électricité à partir de l'énergie nucléaire de l'uranium.

Deux unités de production, deux tranches, équipées chacune d'un réacteur nucléaire à eau pressurisée (REP) de 1 300 MW.
La première fut mise en service en 1993, la suivante en 1995.

Très visibles, les deux tours aéroréfrigérantes (les plus hautes d'Europe, 178,5 mètres), assurent un circuit de refroidissement dit semi-fermé : le pompage dans la Garonne sert à compenser l'évaporation des aéroréfrigerants (le « panache de nuage » visible à des dizaines de kilomètres) et à refroidir des circuits auxiliaires de sûreté ou de support à la production.

Il ne s'agit pas ici d'écrire l'histoire de Golfech.

D'après l'opinion communément admise, cette histoire remonte à 1965, avec "le premier projet." Cette année-là, le préfet de Midi-Pyrénées annonça la grande ambition d'une centrale électronucléaire, près de Malause (Tarn-et-Garonne).
EDF se lança dans l'acquisition des terres.
En 1967, une commission d'enquête reconnaissait naturellement l'utilité publique d'une centrale nucléaire de 2 réacteurs de 800 MW de type UNGG à Golfech.
Et en 1968 débutaient les travaux du barrage de Malause.
[Le barrage de Malause, c'est désormais le barrage EDF sur la Garonne, à l'origine du canal d'alimentation de la centrale Nucléaire de Golfech.]

Mais avec la baisse du prix du pétrole, et les tergiversations au sommet de l'état entre les filières nucléaires graphite-gaz et eau sous pression, De Gaulle quitta l'Elysée, en 1969, sans sa centrale, ce projet fut déclaré abandonné.
Il ne l'était pas vraiment car il réapparaissait en 1973, quand, lors

de l'inauguration de la centrale hydroélectrique d'une puissance de 69 MW sur la Garonne, le directeur régional d'EDF en profita pour déclarer que la centrale nucléaire serait construite à l'horizon 1985.

Le 2 novembre 1974, le choix de Golfech fut confirmé par un document du ministère de la qualité de la vie.

Oui, c'est le ministère de la qualité de la vie qui a validé ce choix de Golfech. Et effectivement, la qualité de la vie semble une priorité à Golfech !

Du 28 mai 1974 au 12 janvier 1976, le premier gouvernement Jacques Chirac (présidence de Valéry Giscard d'Estaing), sous le ministre de la Qualité de la vie (André Jarrot), exista même un secrétaire d'État auprès du chargé de l'Environnement, M. Gabriel Péronnet.

Dans le gouvernement suivant, c'est le Ministre de la Qualité de la vie qui est désormais considéré comme l'ancêtre du ministre de l'Écologie. L'origine de Golfech est bien écologique, l'omniprésente verdure relève donc bien d'une logique historique.

Le ministère de l'Industrie demanda ensuite aux préfets de région de saisir les bureaux des assemblées concernées pour consultation. Déjà à cette époque, consultations et commissions rimaient avec... j'hésite entre "considération des populations" et "piège à cons." J'aurai sûrement mauvaise réputation dans les environs à cause de cette hésitation !

Le 1er juin 1975, un référendum, organisé par les cantons de Valence-d'Agen et d'Auvillar, se prononça à 83 % contre l'implantation de la centrale de Golfech (4 177 voix contre sur 5 028 exprimées).

En avril 1978, le conseil régional Midi-Pyrénées se prononça également CONTRE, à l'unanimité moins deux abstentions.

Malgré cela, en décembre 1978, EDF informa que Golfech était définitivement retenu pour la région Midi-Pyrénées.

En juin 1979, toute l'opposition gouvernementale semble contre : le Parti socialiste du Lot-et-Garonne comme celui du Tarn-et-Garonne, le MRG, le PSU, la LCR, la CFDT, la FEN, la Ligue des droits de l'homme...

Le 17 juin 1979, 5 000 marcheurs, avec les élus en tête, se rendent sur le site de la future centrale pour effectuer un lâcher de ballons, censés représenter un nuage radioactif.

En novembre 1979, première voix discordante : le PC se prononce pour la centrale nucléaire de Golfech car la région est « *à la limite de la catastrophe au point de vue des ressources énergétiques.* »

Malgré une pétition avec 30 000 signatures contre le projet, en 1980 la commission d'enquête d'utilité publique rend "naturellement" un avis favorable à la construction de quatre réacteurs.

Les 26, 27 et 28 septembre 1980, 10 000 personnes se rendent sur le site du projet à l'initiative du Comité antinucléaire (CAN).

En février 1981, Jean Glavany (PS) assure par un courrier au CAN Golfech que le site ne sera pas ouvert sans un vaste débat sur le recours au nucléaire.

Le CAN Golfech appelle donc à voter François Mitterrand aux présidentielles de 1981. Après son élection, l'abandon du projet nucléaire de Plogoff fut annoncé. Golfech fut suspendu... mais les travaux d'EDF continuèrent ! Il s'agissait sûrement de la période de grands débats dans le langage politique.

En octobre 1981, lors d'une nouvelle marche, cette fois de 4 000 personnes, l'opposition avec les forces de l'ordre fut violente. En novembre, ce sont 4 à 7 000 marcheurs qui affrontent 2 000 CRS, gardes mobiles ou gendarmes... Le chiffre semble surprenant, surtout dans l'euphorie d'une historique victoire rose qui devait "changer la vie." Le réalisme politique après l'utopie des promesses électorales ?

Après la catastrophe de Tchernobyl, en 1986, le combat trouva de

nouveaux arguments et une nouvelle coordination "*Stop Golfech*" fut créée à l'occasion de l'occupation d'une tour de réfrigération de la centrale par 5 activistes pendant 5 jours en 1989.
Mais la mise en route du premier réacteur se déroula le 24 avril 1990... Je suis arrivé en 1996 dans la région. Et j'ai découvert un projet de ligne à très haute tension pour emmener l'électricité à Cahors, une ligne qui représentait peut-être le maillon d'un vaste déploiement pouvant la conduire jusqu'en Allemagne. Cette ligne est pour l'instant abandonnée... Seules deux tranches de la Centrale sont réalisées...

Le site emploie désormais environ 700 personnes. Il s'est installé dans les moeurs locales. Astaffort, connu pour son chanteur, n'est situé qu'à quelques kilomètres, comme Agen et ses pruneaux. Pourtant, bien que je ne suive aucune de ses apparitions, notre grande vedette de la chanson ne semble pas mettre son immense talent, sa monumentale renommée, au service de la lutte contre l'uranium en fusion. Nous avons la vedette que nous méritons (ou celles qui passent à la télévision !)

Démographie de Golfech

1999 : 710 habitants.   2006 : 814.
2009 : 851.   2012 : 980.

Ces chiffres semblent valider mon impression lors de ce retour, une quinzaine d'année après ma première visite.

Comment vote Golfech ?

Le maire, en poste depuis mars 2001, Alexis Calafat, est spécifié "sans étiquette". La mairie semble bénéficier d'un budget rare pour une commune de moins de mille habitants, avec de très nombreuses infrastructures sportives...
Que se passe-t-il actuellement sur le site municipal ? Le titre, à la une : 18-01-2013 DU SELF DEFENSE A GOLFECH.
Une nouvelle association vient d'être créée, le KCKM 82 ou Tactical Combat Kapap Krav Maga 82.

À l'élection présidentielle 2012 il y avait 638 inscrits à Golfech, 579 votants, dont 564 exprimés.

Mme Marine LE PEN 156 voix 27,66 %.
M. François HOLLANDE 154 voix 27,30 %.
M. Nicolas SARKOZY 105 voix 18,62 %.
M. Jean-Luc MÉLENCHON 71 voix 12,59 %.
M. François BAYROU 36 voix 6,38 %.
M. Nicolas DUPONT-AIGNAN 12 voix 2,13 %.
M. Philippe POUTOU 9 voix 1,60 %.
Mme Eva JOLY 9 voix 1,60 %.
Mme Nathalie ARTHAUD 8 voix 1,42 %.
M. Jacques CHEMINADE 4 voix 0,71 %.

La représentation écologiste ne semble pas à la hauteur de la contestation suscitée par l'implantation de cette centrale, comme si la population hostile au nucléaire avait été remplacée par des employés ! [ce n'est naturellement qu'une analyse qui mériterait d'être affinée, *la Dépêche du Midi* y a sûrement consacré de nombreux dossiers ou je l'y invite]

Pourtant au second tour, François HOLLANDE avec 280 voix devança Nicolas SARKOZY à 238.
Pour les élections législatives 2012, Golfech figurait dans la 2ème circonscription du TARN ET GARONNE.

639 inscrits toujours et seulement 394 votants.

Mme Sylvia PINEL (RDG) 169 voix 44,01 %
Mme Marie-Claude DULAC (FN) 92 voix 23,96 %
M. Jacques BRIAT (DVD) 48 voix 12,50 %
M. Philippe DE VERGNETTE (UMP) 30 voix 7,81 %
M. Maximilien REYNES-DUPLEIX (FG) 20 voix 5,21 %
Mme Joëlle SIMONET (VEC) 16 voix 4,17 %
Mme Sabine RICHARD-NICOLAS (NCE) 3 voix 0,78 %
Mme Françoise RATSIMBA (EXG) 3 voix 0,78 %
M. Jean-Paul DAMAGGIO (DVG) 2 voix 0,52 %
Mme Sophie PLA (DVD) 1 voix 0,26 %
M. Cédric LEVIEUX (AUT) et Mme Brigitte VENTRE (DVD) 0.

Marine LE PEN en tête lors des présidentielles et la candidate de Front National en deuxième position aux législatives.

Au second tour, la ministre déléguée était opposée à Mme Marie-Claude DULAC du FN, qui totalisera 134 voix.
Contre 207 à la future ministre, Mme Sylvia PINEL (RDG)

Au niveau de la circonscription, Mme Marie-Claude DULAC (FN) obtint 20 417 voix, soit 22,86 % des inscrits et Mme Sylvia PINEL (RDG) 30 445 voix, 34,09 % des inscrits (59,86% des exprimés)

Il me semble donc nécessaire d'observer les scrutions précédents. Aux législatives 2007, 582 Inscrits 384 votants (soit seulement 10 votants de moins alors qu'il y a désormais 57 inscrits supplémentaires).

Mme Sylvia PINEL, Radical de gauche 130 voix 34,39 %.
M. Jacques BRIAT, Union pour un Mouvement Populaire 119 voix 31,48 %.
Mme Valérie RABASSA UDF-Mouvement Démocrate 31 voix 8,20 %.
Mme Françoise DURAND Communiste 25 voix 6,61 %.
M. Pierre VERDIER Front national 22 voix 5,82 %.
Mme Laurence CARRARA Extrême gauche 13 voix 3,44 %.
M. Jean-Yves JOUGLAR Chasse Pêche Nature Traditions 11 voix 2,91 %.
M. Alain JEAN Les Verts 7 voix 1,85 %.
M. Ludovic ANDRIEUX Mouvement pour la France 6 voix 1,59 %.
M. Jean-Marc BOUYER Divers 4 voix 1,06 %.
Mme Sylvie LE RAY Extrême droite 4 voix 1,06 %.
M. Paulo VARELA DA VEIGA Ecologiste 4 voix 1,06 %.
Mme Françoise RATSIMBA Extrême gauche 2 voix 0,53 %.

L'extrême-droite est passée de 26 voix avec deux candidats en 2007 à 92 voix avec une seule cinq ans plus tard.

Au second tour, Mme Sylvia PINEL obtenait 232 voix contre 151 à M. Jacques BRIAT.

Au niveau de la circonscription, bien que M. Jacques BRIAT la devança au premier tour, 37,51% contre 29,17%, madame Sylvia PINEL fut élue avec 50,71% des voix (26 811) contre 26 062 à monsieur Jacques BRIAT. Le candidat Front national était à 5,19 %, celui dit de l'Extrême-droite à 0,67%. La "radicalisation" constatée à Golfech est donc un phénomène présent sur l'ensemble de la circonscription. Pourquoi ?

M. Jean-Marie LE PEN obtint 12,48 % dans le Tarn-et-Garonne en 2007 au premier tour des présidentielles et à Golfech, sur 501 exprimés Mme Ségolène ROYAL arrivait en tête avec 30,48%, suivie de M. Nicolas SARKOZY à 24,00%, M. François BAYROU à 16,57 et M. Jean-Marie LE PEN à 15,24.

Au sujet de la législative, M. Jacques BRIAT déposa un recours devant le Conseil Constitutionnel, enregistré le 26 juin 2007, sa décision du 17 janvier 2008 fut notifiée au président de l'Assemblée nationale et publiée au Journal officiel de la République française le 23 janvier. Siégeaient alors M. Jean-Louis DEBRÉ, Président, MM. Guy CANIVET, Jacques CHIRAC, Renaud DENOIX de SAINT MARC et Olivier DUTHEILLET de LAMOTHE, Mme Jacqueline de GUILLENCHMIDT, MM. Pierre JOXE et Jean-Louis PEZANT, Mme Dominique SCHNAPPER et M. Pierre STEINMETZ.

Vu la requête présentée pour M. Jacques BRIAT demeurant à Valence d'Agen (Tarn-et-Garonne), enregistrée le 26 juin 2007 au secrétariat général du Conseil constitutionnel et tendant à l'annulation des opérations électorales auxquelles il a été procédé les 10 et 17 juin 2007 dans la 2ème circonscription de ce département pour la désignation d'un député à l'Assemblée nationale ;

Vu le mémoire complémentaire présenté pour M. BRIAT, enregistré le 30 juillet 2007 ;

Vu le mémoire en défense présenté pour Mme Sylvia PINEL, député, enregistré le 3 septembre 2007 ;
Vu les nouveaux mémoires présentés pour M. BRIAT, enregistrés le 25 octobre et le 15 novembre 2007 ;
Vu les nouveaux mémoires présentés pour Mme PINEL, enregistrés le 31 octobre, le 14 novembre et le 17 décembre 2007 ;
Vu les observations complémentaires présentées pour M. BRIAT, enregistrées le 4 décembre et le 17 décembre 2007 ;
Vu les demandes d'audition présentées pour M. BRIAT et Mme PINEL ;
Vu la décision de la Commission nationale des comptes de campagne et des financements politiques en date du 11 octobre 2007 approuvant le compte de campagne de Mme PINEL ;
Vu les observations du ministre de l'intérieur, de l'outre-mer et des collectivités territoriales, enregistrées le 31 octobre 2007 ;
Vu la Constitution, notamment son article 59 ;
Vu l'ordonnance n° 58-1067 du 7 novembre 1958 modifiée portant loi organique sur le Conseil constitutionnel ;
Vu le code électoral ;
Vu le règlement applicable à la procédure suivie devant le Conseil constitutionnel pour le contentieux de l'élection des députés et sénateurs ;
Vu les autres pièces produites et jointes au dossier ;
Les parties et leurs conseils ayant été entendus ;
Le rapporteur ayant été entendu ;

Je vous invite à consulter le JO, en ligne gratuitement, si le dossier vous passionne. Je me contente de reprendre (choix d'un chroniqueur dont vous acceptez la liberté de rendre compte, comme il l'entend, de sa visite à Golfech et de sa consultation de documents sur Internet) :
- SUR LES GRIEFS RELATIFS A LA SINCÉRITÉ DU SCRUTIN :
1. Considérant que la presse écrite est libre de rendre compte, comme elle l'entend, de la campagne des différents candidats

comme de prendre position en faveur de l'un d'eux ; que, dès lors, le grief tiré de ce que La Dépêche du Midi aurait apporté son soutien à la candidate élue et n'aurait pas évoqué la campagne du requérant doit être écarté ;
2. Considérant que les propos rapportés par La Dépêche du Midi et que le requérant qualifie d'injurieux à son égard, pour les uns, ne sont pas imputables à la candidate proclamée élue et, pour les autres, n'excédaient pas les limites de la polémique électorale ;

- SUR LES GRIEFS RELATIFS AU FINANCEMENT DE LA CAMPAGNE DE MME PINEL :
5. Considérant que le requérant soutient que le conseil général du Tarn-et-Garonne a indûment pris en charge les déplacements électoraux de la candidate proclamée élue ; qu'il résulte de l'instruction que les déplacements critiqués ont été accomplis dans le cadre des obligations professionnelles de Mme PINEL en sa qualité de chef de cabinet du président du conseil général ; que, dès lors, le grief doit être écarté ;
7. Considérant que le requérant dénonce la participation de Mme PINEL, le 13 mai 2007, à une manifestation dénommée « la Route du pain », organisée chaque année par le conseil général pour la promotion d'une production locale ; que, toutefois, les circonstances selon lesquelles, d'une part, aucun autre candidat n'aurait été invité à y assister, d'autre part, le président du conseil général aurait fait applaudir Mme PINEL au cours du repas, n'ont pas, à elles seules, donné un caractère électoral à cette manifestation ; que son organisation ne peut, dès lors, être regardée comme un concours en nature d'une personne morale prohibé par les dispositions de l'article L. 52-8 du code électoral ;
10. Considérant que le requérant fait valoir que, dans les mois précédant l'élection, Mme PINEL aurait assuré à temps complet la promotion de sa candidature alors qu'elle était rémunérée par le conseil général qui l'employait, ce qui constituerait une participation au financement de sa campagne ; que, si Mme PINEL a bénéficié du congé de 20 jours pour participer à la campagne électorale, prévu par l'article L. 122-24-1 du code du

travail rendu applicable aux agents non titulaires des collectivités territoriales par l'article L. 122-24-3 du même code, il résulte des pièces produites par le conseil général que la durée de cette absence a été imputée sur celle des droits à congé payé annuel, comme le permet l'article L. 122-24-1 précité ; qu'il n'est dès lors pas établi que le nombre de jours de congés payés pris par Mme PINEL a excédé la limite des droits qu'elle avait acquis à ce titre à la date du premier tour de scrutin ; que, dès lors, le grief doit être écarté ;

Dans *l'Express* du 19 octobre 2011, avec en couverture « *le vrai pouvoir de La Dépêche du Midi* » et une photo de M. Jean-Michel Baylet, un constat de M. Jacques BRIAT est mis en exergue « *Si l'information n'est pas dans* La Dépêche*, elle n'existe pas, ce sont les avantages d'un monopole.* »
Mais même si le patron du PRG, celui de la Dépêche, et le Président du Conseil Général du Tarn-et-Garonne, c'est le même homme, il convient de conserver précieusement cette délibération du Conseil Constitutionnel pour l'opposer à toute personne qui oserait prétendre qu'il existe un problème démocratique dans la région : « *Considérant que la presse écrite est libre de rendre compte, comme elle l'entend, de la campagne des différents candidats comme de prendre position en faveur de l'un d'eux ; que, dès lors, le grief tiré de ce que La Dépêche du Midi aurait apporté son soutien à la candidate élue et n'aurait pas évoqué la campagne du requérant doit être écarté.* »

La Dépêche du midi n'ayant rendu compte d'aucune de mes publication (c'est sa liberté de presse libre), je ne serais pas surpris qu'elle n'accorde aucune ligne à ce document pourtant unique en son genre, sur un secteur où elle semble correctement implantée.

Avec Castelsagrat, Espalais, Gasques, Goudourville, Lamagistère, Montjoi, Perville, Pommevic, Saint-Clair et Valence-d'Agen, Golfech figure dans le Canton de Valence.

Depuis 1985, son conseiller général en est Jean-Michel Baylet, devenu à la même date Président du Conseil Général.

Il succéda à Evelyne Baylet, sa mère, élue de 1959 à 1985 (qui fut la première femme présidente de Conseil général, 1970-1982). Elle avait succédé à Jean Baylet, son mari, élu de 1945 à 1959, décédé accidentellement.

En 1998, en même temps que le roman "*liberté, j'ignorais tant de Toi*", je présentais "*Entre Cahors et Astaffort*", un texte qui aurait pu devenir la chanson d'opposition au projet de la ligne à très haute tension qui devait amener à Cahors l'électricité produite par la centrale nucléaire de Golfech.

Entre Cahors et Astaffort

Entre Cahors et Astaffort
Y'a des rêveurs qui rêvent encore
Ils jouent des mots, des métaphores
Et chantonnent la vie sans effort

Mais entr'Cahors et Astaffort
Sur la Garonne, y'a Golfech
Au bout des cannes à pêche
De l'uranium, leur uranium

Si tout l'monde ici s'endort
Bientôt de Golfech à Cahors
Sur de grands pylônes piailleront
Les gros fils d'affront à région

Entre Cahors et Astaffort
Y'a des rêveurs qui rêvent encore
Sur la Garonne y'a Golfech
Faut ranger les cannes à pêche

De grands patrons plastronnent
Vive l'industrie Vive l'industrie
Et tant pis pour les p'tits mômes
Sur le tracé du Dieu progrès

> Entre Cahors et Astaffort
> Ils agissent les utopistes
> Pour qu'il sonne le droit des Hommes
> Aux oreilles des affairistes
>
> Entre Cahors et Astaffort
> Les révoltés rêvent encore
> Que jamais leurs volts ne nous survolent
> Qu'le Quercy n'passe pas à la casserole

Je n'ai trouvé aucune déclaration officielle de Jean-Michel Baylet soutenant ce projet de ligne THT sur le Quercy Blanc, même si, le 2 septembre 1990, ès Ministre délégué du tourisme, lors de l'inauguration de la foire-exposition de Cahors, il répliqua : « *Dire aujourd'hui, dès qu'une centrale nucléaire est construite, que les lignes pour exploiter le courant ne doivent pas passer, c'est totalement irresponsable. Par contre, dire que l'on doit faire attention à l'endroit où elles passent et de la manière dont on prépare ces passages, là, ceux qui le prétendent ont raison.* »

D'ailleurs, le 18 octobre 1999, sous la présidence de Jean-Michel Baylet, le Conseil Général du Tarn-et-Garonne s'est déclaré en opposition à ce projet de THT.

Mais c'est peut-être plus complexe ! *Le Petit Journal*, un quotidien de Montauban qui réussit à tenir dans l'ombre de la *Dépêche* notait ainsi, à l'occasion des résultats des élections cantonales de mars 2004 "*Jean-Michel Baylet, actuel président du Conseil Général et patron du seul quotidien régional, vient d'être réélu sans surprise. Le dernier des « Baylet » perpétue ainsi plus d'un siècle de gouvernance sur le Tarn-et-Garonne après son père et sa mère. Malgré un bilan moribond la force de son journal et l'argent de Golfech le maintiennent au pouvoir pour quelques années.*"

Il est intéressant de rapprocher les carrières ministérielles de Jean-Michel Baylet et Sylvia Pinel.

Jean-Michel Baylet fut secrétaire d'État auprès du ministre des Relations extérieures du gouvernement Laurent Fabius, du 17 juillet 1984 au 20 mars 1986.

Dans le gouvernement 2 de Michel Rocard, il fut nommé le 24 juin 1988 secrétaire d'État Chargé des Collectivités territoriales, auprès du ministre de l'Intérieur. Ce poste sera supprimé le 17 juillet 1990. Ce jour-là, M. Baylet succédait à Olivier Stirn comme ministre délégué chargé du Tourisme, auprès du ministre de l'Industrie. Poste occupé jusqu'à la fin de l'époque Rocard, le 15 mai 1991.

Dans le gouvernement Édith Cresson, du 15 mai 1991 au 2 avril 1992, il reste ministre délégué, chargé du Tourisme, mais auprès du ministre de l'Équipement.

Dans le gouvernement suivant, celui de Pierre Bérégovoy, du 2 avril 1992 au 29 mars 1993, il est ministre délégué, chargé du Tourisme, mais auprès du ministre de l'Industrie.

À noter que le tourisme est alors passé de l'industrie à l'équipement pour revenir au point de départ !

Le 16 mai 2012, Sylvia Pinel fut nommée ministre déléguée à l'Artisanat, au Commerce et au Tourisme au sein du gouvernement Jean-Marc Ayrault, après une "journée mémorable" où M. Jean-Michel Baylet fut évoqué à l'agriculture (certains ont immédiatement osé ironiser sur des agriculteurs priés de cultiver de l'herbe par un partisan de la dépénalisation du cannabis).
Presque la plus jeune du gouvernement, née seulement 6 jours avant la benjamine, Najat Vallaud-Belkacem. Après le remaniement du 21 juin, elle est devenue ministère "de plein exercice", ministre de l'Artisanat, du Commerce et du Tourisme.

Le tourisme, quelle belle récompense pour les élus de Golfech ! Décidément, ce n'est peut-être pas un hasard si ce village souhaite devenir très vert ! À quand des cars de parisiens affrétés par le ministère pour montrer la réussite écologique de Golfech ?

Retour au 3 mai 2012, vers 17 heures 40. Une voiture de la gendarmerie s'arrête derrière moi alors que je me désaltère près de mon propre véhicule. Une simple bouteille d'eau sortie d'une glacière bleue. J'ai été signalé prenant des photos. Je me présente. Ma carte d'identité, dont les références sont notées, semble les rassurer ! Je leur explique mon projet de publier un reportage. Conversation aimable. Le plus jeune de mes interlocuteurs avoue lire plutôt du genre Sulitzer. Je pense qu'il a cité ce nom lui passant par la tête plutôt que de confesser un désintérêt pour la littérature. Je ne suis pas certain d'avoir gagné deux lecteurs. Ils ont fait leur boulot correctement, m'avouant qu'à la centrale certaines personnes sont très tendues. Mais non, je ne suis pas membre de Greenpeace ! Un simple citoyen, qui s'exprime comme il le peut !

Nos plus fins politologues ne manqueront sûrement pas d'analyser le phénomène de la montée du Front National dans cette région, d'essayer de l'expliquer et d'en tirer les bonnes conclusions. Naturellement, il s'agit d'un sujet trop important pour que je m'y attarde ici. [*La Dépêche du Midi* y a sûrement consacré de nombreux dossiers ou je l'y invite ; le Front National semble devenu la première force d'opposition au PRG présidé par M. Jean-Michel Baylet, également patron de *La Dépêche du Midi* ; cette précision peut sembler inutile mais je pense m'adresser autant aux lecteurs australiens et québécois qu'à ceux de Golfech]

Dernières photos et première réaction

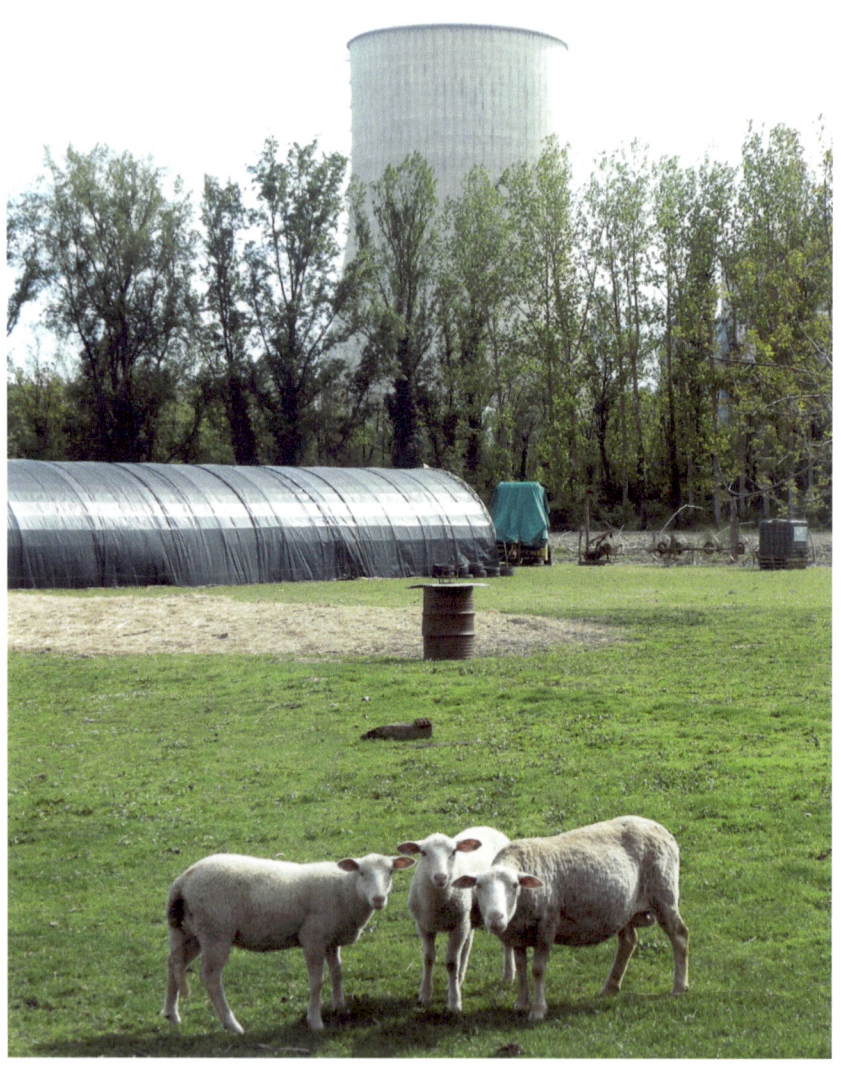

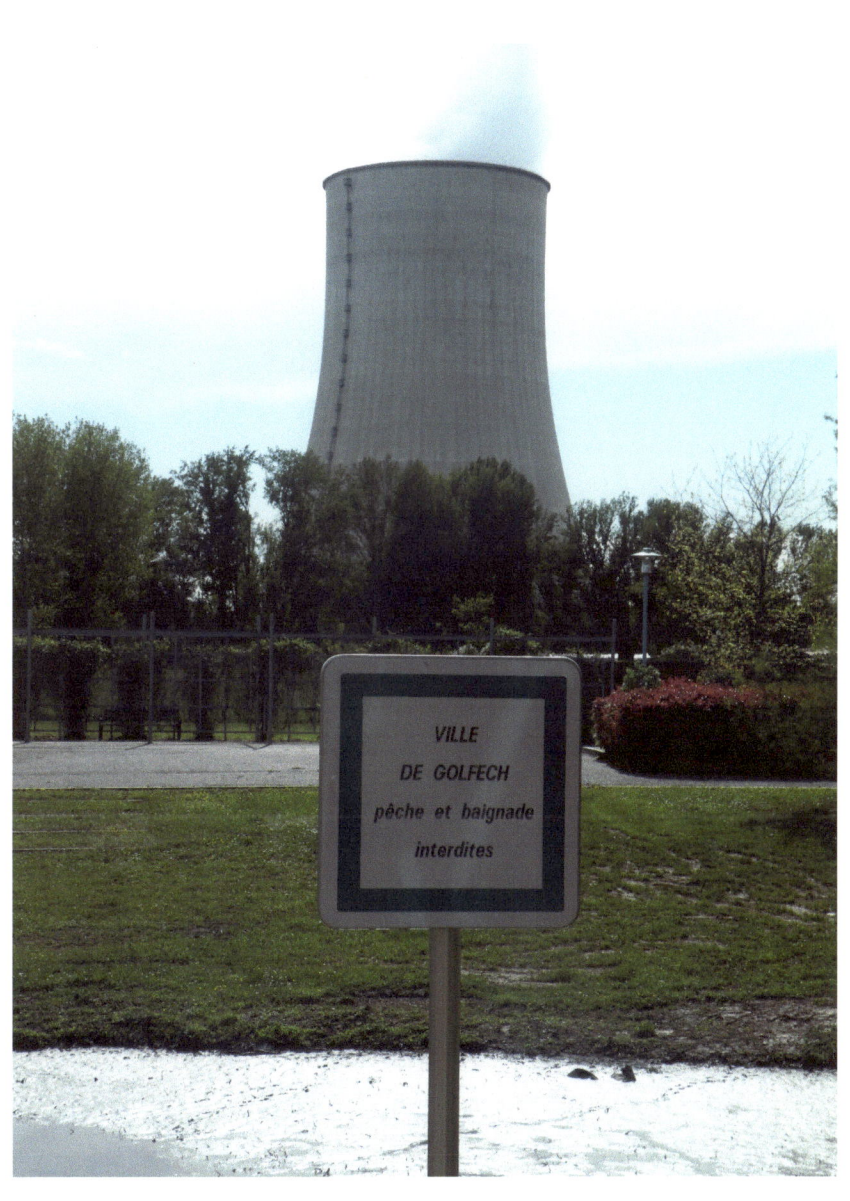

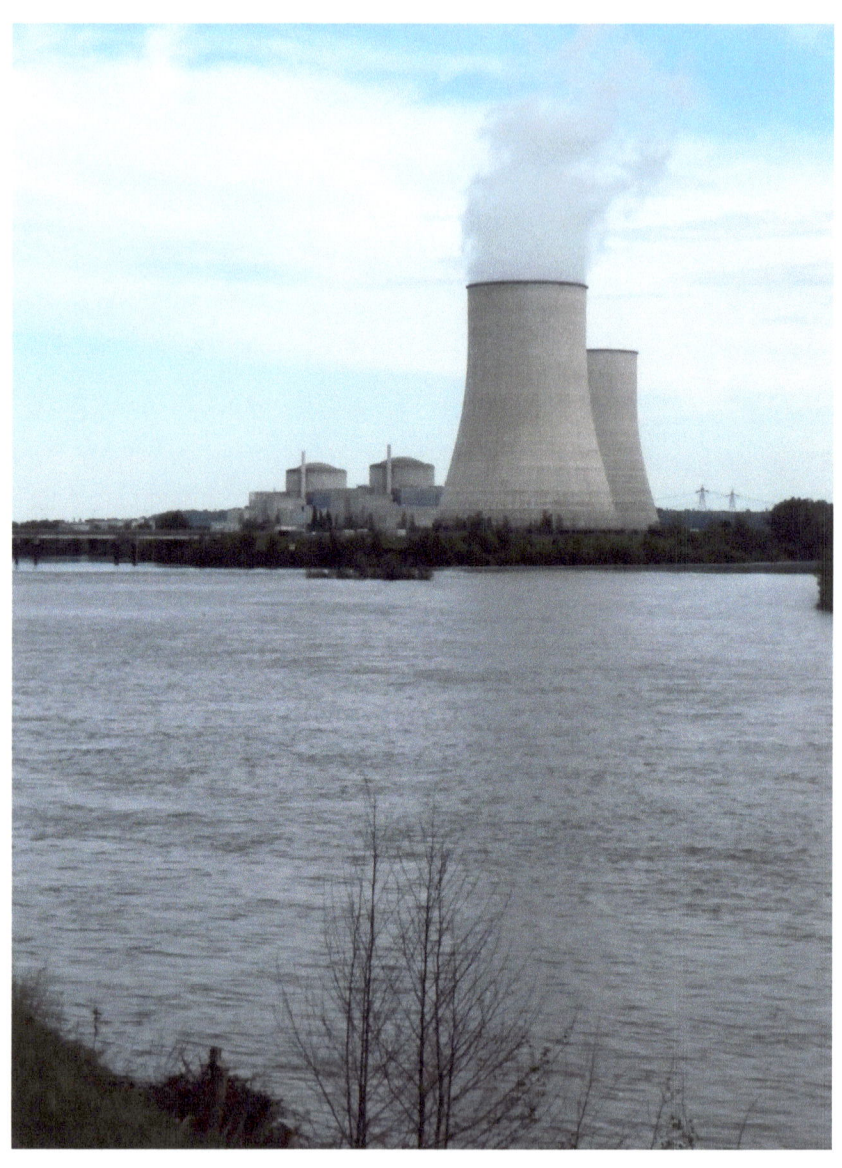

Stéphane,

Merci pour ton envoi en « lecteur béta. » Merci d'avoir pensé à moi. Je suis effectivement passé de nombreuses fois à Golfech, j'ai moi également souvent photographié ce site, cherchant des vues sur les hauteurs pour essayer de rendre compte de toute l'horreur que ces deux tours suscitent en moi. J'ai un répertoire « Golfech » où j'ai classé ce que je considère comme de belles photos, je l'ai passé en diaporama après la consultation de ton oeuvre. Je ne peux que te féliciter car je pense que l'effet est une réussite, c'est sûrement ce que tu recherchais : je suis profondément mal à l'aise, troublé par ces photos, leur déroulement. J'aurais aimé parvenir à rendre froidement cette beauté où l'Homme semble ne plus avoir sa place. T'écrire « ces moutons comme seule présence vivante me trouble » m'apparaît immédiatement très réducteur, leur présence me glace. Alors que sur la couverture, elle a quelque chose de presque drôle. Peut-être est-ce la proximité avec ce Christ sur la croix, qui semble représenter notre humanité perdue. J'espère franchement que cette oeuvre sera reçue comme elle le mérite. Même si, comme nous en avons souvent parlé, je sais bien que ce ne sera pas évident. Je ne suis pas certain que la Dépêche du Midi le conseillera ! Tu as su trouver le ton juste, alors que si souvent, sur ces sujets, on essaye de recourir au sensationnel.
Pascal F.

Merci à toi de m'avoir autorisé à présenter ta réaction.

Stéphane Ternoise

À 25 ans, Stéphane Ternoise a quitté le confortable statut de cadre en informatique (qui plus est dans le douillet secteur des assurances), pour se confronter à son époque, essayer de vivre de sa plume en toute indépendance. Il redoutait de finir pantin d'un grand groupe où même les maisons historiques peuvent se retrouver avec Jean-Marie Messier ou Arnaud Lagardère comme grand patron.
Stéphane Ternoise est auteur-éditeur depuis 1991, devenu spécialiste de l'auto-édition professionnelle en France. Il créa « logiquement » http://www.auto-edition.com en l'an 2000, une activité alors quasi absente du web !
Son éclairage sur l'univers de l'édition française a rapidement suscité quelques difficultés, dont une assignation au Tribunal de Grande Instance de Paris, en juin 2007, par une société pratiquant le compte d'auteur, finalement déboutée en septembre 2009.

Dans un relatif anonymat, avant la Révolution Numérique, l'auteur lotois a néanmoins réussi à publier 14 livres en papier, à continuer en vivant de peu. Depuis 2005, ses livres étaient également en vente, marginale, en version numérique. Il s'agissait d'abord de simples PDF.
L'auteur-éditeur a consacré l'année 2011 à la réalisation de son catalogue numérique, publiant ainsi ses pièces de théâtre, sketchs et textes de chansons en plus des romans, essais et recueils adaptés aux formats epub et Mobipocket Kindle...

La multiplication des questions et l'information approximative balancée sur de nombreux blogs par de néo-spécialistes de l'auto-édition autopublication, l'ont décidé à écrire sur cette révolution de l'ebook. Le guide l'auto-édition numérique est ainsi devenu son web best-seller !

Depuis octobre 2013, et son « identifiant fiscal aux États-Unis », son catalogue papier tend à rattraper celui en pixels.

Il convient donc de nouveau d'aborder l'auteur sous le biais de l'œuvre. Ainsi, pour vous y retrouver, http://www.ecrivain.pro essaye de fournir une vue globale. Et chaque domaine bénéficie de sites au nom approprié :

http://www.romancier.org
http://www.parolier.org

http://www.essayiste.net

http://www.dramaturge.fr
http://www.lotois.fr

Vous pouvez légitimement vous demander pourquoi un auteur avec un tel catalogue ne bénéficie d'aucune visibilité dans les médias traditionnels. L'écriture est une chose, se faire des amis utiles une autre !

Mentions légales

Tous droits de traduction, de reproduction, d'utilisation, d'interprétation et d'adaptation réservés pour tous pays, pour toutes planètes, pour tous univers.

Site officiel : http://www.ecrivain.pro

Présentation des livres essentiels :
http://www.utopie.pro

Vous pouvez acquérir certains de ces clichés au format originel du photographe, en droit de reproduction privée, exemplaires numérotés et signés, sur http://www.galerie.me

Imprimé par CreateSpace, An Amazon.com Company pour le compte de l'auteur-éditeur indépendant.
livrepapier.com

Dépôt légal : 26 janvier 2013

ISBN 978-2-36541-675-7
EAN 9782365416757
Golfech, c'est beau un village prospère à l'ombre d'une centrale nucléaire - Visite au pays de Jean-Michel Baylet et Sylvia Pinel
de Stéphane Ternoise
© Jean-Luc PETIT - BP 17 - 46800 Montcuq - France

www.ingramcontent.com/pod-product-compliance
Lightning Source LLC
Chambersburg PA
CBHW040331220526
45473CB00009B/2640